日股戰神
年獲利千萬的
投資邏輯

淬鍊40年，一招練3,000次！

100個 相場流 技術線圖「戰法」＋「心法」

相場師朗——著　張嘉芬——譯

相場流チャートの掟100

CONTENTS

第2章 相場式K線、移動平均線的定律

第3章 相場式股價操作精準命中的定律

第5章 相場式股市心態及交易心理的定律

第6章 相場式對投資股票和人生都有益的定律

前言

各位好，我是股票專家相場師朗。截至2023年，我投資股票的資歷已有四十一年。

回首過去，我頻繁進出買賣的股票之一，是**「日本郵船」這間海運公司**。這檔股票在2019年1月以550圓開出，到2022年3月已飆漲至4163圓的高價，期間經過三年三個月，股價翻漲了近8倍。不過，在它翻漲8倍之前，我早已開始買賣這檔個股，累計**獲利達20億日圓以上**。當然，在股價翻漲8倍的這一波急漲行情當中，我也因為適時適度地買進、賣出，而賺到了比單純長期持有更豐厚的獲利。

雖說要找到像近期的「日本郵船」這樣，光持有就能坐等股價翻漲5倍、10

倍的「寶藏股」，可謂難如登天。然而，不論哪一檔個股，都是每天重複地上演時漲時跌的戲碼——要趁著股票似乎準備起漲時買進，到了似乎要回跌時，就先獲利了結。接著馬上反手放空，直到股價看似即將止跌回升時，再回補空單，確保獲利，並伺機再次進場買進。

投資股票需要的，並不是「買彩券中大獎」的那種「機率很低的好運」，更不是能預測長遠未來的「預知能力」。

關鍵在於「**股價波動**」——也就是要配合股票的價格波動低買高賣、高賣後再趁低價買回所需的「技術」。

只要能領悟這個真相，賺進萬貫財富絕不是癡人說夢，而且比中彩券、買馬票更簡單，也比在公司出人頭地、創業成功更輕鬆。

如果用古文教科書的口吻來說，就是「股價波動不絕……未嘗止息」[1]。只要股價會波動，就會有機會到來。所以說穿了，其實重點就只在於**有沒有察覺到這些機會而已**。

「株塾」是我經營的投資講堂，會員人數逾3千5百人，更接連催生出多位年投資獲利超過千萬日圓的得意門生。

在這個亞洲規模首屈一指的「股票道場」當中，我只教一件事，那就是解讀記錄過去股價波動的「股價K線圖」。學員們完全不需要了解艱深的經濟學理論，或分析公司業績表現，更不需要明白複雜的全球經濟局勢等。

既然我們的獲利，都來自於股價的波動，那麼運用股價K線圖，確實學好股價波動的原理原則，就是通往成功獲利的捷徑。

本書是我的「技術」結晶。除了精選相場式投資心法中多項堪稱「精髓」的內容之外，還加入了全新知識。書中毫不藏私地分享征服股海所需的諸多「定律」，是相場式投資心法的集大成之作。

◆　◆　◆

1 譯注：仿日本中世文學的代表作品《方丈記》開頭段落。

常有股市新手問我：「買哪一檔股票才會漲？」坦白說，其實買哪一檔都無妨。**只要是公司規模和業績沒有劇烈變動，每天都有許多投資人買進、賣出，帶動股價穩定波動的大型權值股**，任何一檔都有獲利的機會。

我總是這樣教導「株塾」的學員：「重點在於各位要能憑自己的感覺，覺得『這個股價波動我看得懂，可以追』才行。」

只要我們能學會征服股海所需要的、真材實料的技術，應該就能一生都不必為錢發愁。相場式投資的終極目標，就是要**把股票市場化為隨時都能提領現金的ATM**。

請各位千萬不要被社會上那些「暴漲飆股推薦」、「10倍股預備軍」等甜言蜜語誘騙上車。

也請不要滿足於「找一檔和美國標普500或全球股市連動的指數型基金來定期定額投資，就能一生高枕無憂」這種門檻很低的目標。

股市投資的「神」，就藏在「股價K線」這個人人都能看得到、極其平凡的圖表當中。

我確信本書所介紹的百大定律，將成為您股海生涯的終身伴侶、一輩子的摯友，更是您無可取代的金礦。

令和5年5月吉日

焚膏繼晷，朝「股票大師」之路邁進的 **相場師朗**

第1章

值得終生反覆閱讀的相場式定律〈精髓〉

01 體認「投資就是心理戰」

RULE

投資股票的獲利來源，在於股價波動。那麼，為什麼股價會波動呢？常有人說「公司的業績會反映在它的股價上」，**其實並不盡然**。

如果股價完全緊貼著業績連動，那麼每年營收、獲利持續成長10％的企業，股價每年只要漲了10％，漲勢應該就會戛然而止，不再有任何動靜才對（這是一個比較極端的觀點）。可是，股票的價格波動，卻不曾因此而停止。究竟為什麼會這樣呢？

因為股價是反映「人心」的一面鏡子。業績長紅的公司股價會上漲，是因為投資人想「買業績長紅的公司股票，進而從中獲利」的心態所致。

股價與現實之間，隔著一面不透明的、扭曲的鏡子——因為即使是一間當前業績欠佳的公司，只要認為「股價正在跌，現在不買就虧大了」的投資人越多，股價就會漲；反之，業績一片大好的個股，只要許多投資人認為「現在股價已經飆漲一波，趁這個時候先獲利了結吧」，並賣出持股，股價自然就會下跌。

人的期待、樂觀、貪婪、焦慮、悲觀、恐懼，是影響股價的直接因素。我們要能精準解讀潛藏在股價波動背後的投資人心態，換言之，「能在心理戰當中勝出者，就能征服股海」這句話絕不誇張。

RULE 02 能影響股價的，只有「投資人的買與賣」

一檔個股，只要想買進的投資人，比想賣出的投資人多，那麼就算公司業績再怎麼無可救藥，股價還是會上漲。

「要是１００圓沒人肯賣，就算出１１０圓，我還是想買到」、「沒關係，我出120圓，賣給我吧！」……如果像是這樣，想買的人多，想賣的人少，股價就會不斷上漲；反之，若想賣股的人變得比想買股的人還多，就算公司業績再怎麼風生水起，股價還是會下跌。不必把事情想得太複雜，事實就是這樣。

最能嘗到甜頭的，是股價暴漲、暴跌的盤勢。當股價暴跌時，就表示該檔股票已經漲過了頭。越是有眾多投資人看好「股價還會再漲」，樂觀地進場掃貨，到時候這份期盼被戳破後的崩跌，就會更顯得驚濤駭浪。

「想靠股票賺錢，就該學會在股價波動中占有半邊天的『跌勢』之下，也能確實獲利的方法——融券放空」這是我在相場式投資當中所傳授的心法。正因如此，2020年的新冠疫情衝擊，以及2022至2023年前半，那一波因通膨和高利率環境所造成的暫時性跌勢，對於精通相場式投資的投資人而言，正是有利可圖的盤勢。

03 別看公司業績！

RULE

在投資股票的領域裡，有一種名為「基本面分析」的手法。這是用略顯艱深的方式，分析個股的公司業績和國內外的經濟情勢等，進而預測股價的未來走向。在我看來，「所有的經濟狀況與變化，都已隨時透過『投資人心態』這個濾鏡，反映在股價K線上。因此，我們只要好好觀察股價波動就夠了。」

即使是在2020年新冠肺炎爆發大流行、股市受到疫情衝擊的情況下，仍證明了「相場式」的這個觀念是正確的。

請看看第23頁上方這張圖。它是在疫情期間曾一度被迫停止營業的燒烤連鎖品牌——「鳥貴族」的股價走勢。

鳥貴族當時是在2020年4月22日宣布旗下直營店暫停營業。後來歷經政府多次宣布延長警戒期[1]，直到5月18日恢復營業為止，這394家門市的營收持續掛零，可說是危在旦夕的狀態。

不過，看看鳥貴族的K線，走勢又是如何呢？原本股價在2月上旬時還有2600多圓，4月3日則來到1190圓的波段新低。然而，就在直營店暫停營業之初，也就是4月6日時，竟搶先噴出了一根大紅K。此後直到5月26日觸及2000圓大關為止，可說是一路走揚。

如果股價走勢真的會反映公司業績，那麼這樣的股價波動，就無從解釋——因為鳥貴族根本沒有營收進帳，而股價卻在上漲。

其實不僅鳥貴族如此，許多日本的餐飲、零售連鎖企業的股價，在受到疫情衝擊崩跌後，竟紛紛於嚴格管制的「緊急事態宣言」期間、街頭不見人影的情況下，仍持續走揚。

1 譯注：日文為「自肅」，即呼籲民眾非必要不外出、外食。

門市暫停營業，股價照漲的鳥貴族

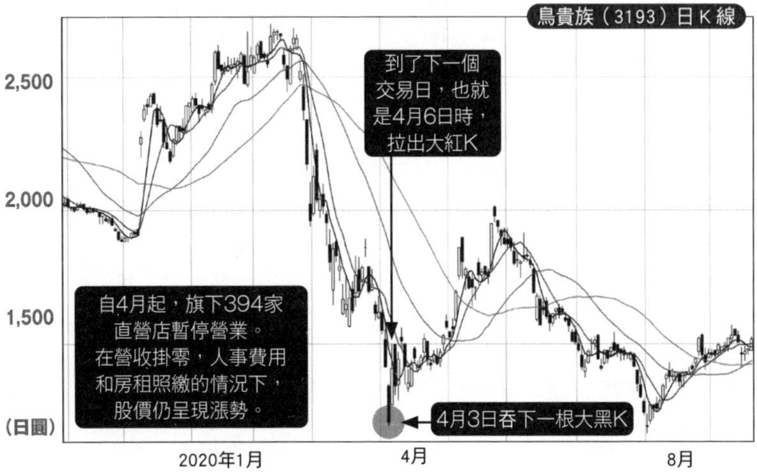
鳥貴族（3193）日K線
到了下一個
交易日，也就
是4月6日時，
拉出大紅K
自4月起，旗下394家
直營店暫停營業。
在營收掛零，人事費用
和房租照繳的情況下，
股價仍呈現漲勢。
4月3日吞下一根大黑K
2,500
2,000
1,500
（日圓）
2020年1月
4月
8月

為什麼會這樣呢？答案已經昭然若揭了——**因為真正影響股價的，是投資人的期待或不安**。「反正過一段時間應該就會恢復營業，到時候只要營收成長，股價自然就會上漲了」，抱持這種心態的投資人，認為當時正是股價低點，開始進場買股，所以才推升了股價。

當時，就算再怎麼觀察鳥貴族的門市狀況，也絕對看不出股價上漲的徵兆——畢竟當時門市都未開門做生意，當然看不出端倪。而唯一能察覺股價將觸底反彈的方法，就是股價K線圖。這裡我先不詳加說明，不過，當時沒有忽略起漲訊號，進而出手買賣的人，光憑鳥貴族這一檔股票，就足以賺飽荷包。

RULE 04 別相信分析師的盤勢預測！

2020年，新冠疫情所帶來的憂慮席捲了整個股市。「接下來這幾年，受到疫情的影響，不僅企業表現萎靡，就連日本整體的經濟狀況，也會持續低迷」，諸如此類的評論員「分析」，在市場上如野火燎原似地蔓延。另一方面，包括因「宅在家」需求而買氣沸騰的網路企業在內，有好幾檔明星飆股應運而生。

即使是證券公司裡那些領著高薪、推敲著深奧基本面分析的**專業分析師，分析出錯也是家常便飯**——這是股市投資圈子裡的常態。

不論是棒球也好、網球也罷，甚至是股市投資也一樣，與其左思右想、瞻前顧後，其實更重要的，是「**球來（股價波動）就打**」。因為除了趁股價波動時從中獲利之外，其他的事我們都無能為力——畢竟真相就只存在股價K線圖裡。

我常把分析K線圖比喻為「分析選舉時的出口民調」。現在投資人是投給多方的票多，還是空方的票多？仔細觀察買股者和賣股者的「投票動向」，這件事至關重要。只要把所有的精神，都投注在K線上就好；請您就只要傾聽「股價的聲音」，了解它接下來是「想漲」還是「想跌」。別相信那些分析師的盤勢預測、報紙上的行情欄，或財經媒體下的標題。

RULE 05 只准愛那些成交量巨大的權值股！

不論行情是多頭還是空頭、公司業績是好是壞，都要運用買進和融券操作，逍遙自在地從股市賺到取用不盡的財富——這才是相場式投資心法的精髓所在。

相場式投資會鎖定的個股，需具備一定條件。首先，個股**每天的「成交量」和「成交值」要夠充沛**。

如果有一檔個股，絕大多數的投資人都不買賣交易，股價缺乏波動，那麼它就不會納入相場式投資的目標選項——因為呈現個股單日交易股數的「成交量」，以及呈現個股投資金額的「成交值」偏低的個股，都很難操作。而這樣的個股，往往很容易因為極少數投資人的買單或賣單，而導致股價劇烈震盪。所以成交量過少的個股，無法歸納出一套「可複製（鎖定類似股價波動）的交易」。

在相場式投資心法當中，我們的選股條件，是「**單日成交量在200萬股以上**」，且「**以『股價×發行股數』計算出的『總市值』達5千億日圓以上**」。

「這也不是，那也不是……」許多投資人不斷地在股海嘗試錯誤，每天在股市進出大筆資金，交易股數可觀。正因如此，股價波動也才會出現一貫性、規則性和方向性，讓人比較容易預測。

我們可以這樣說：總市值越高的個股，代表它在公司規模、業績和財務等方面，都受到投資人高度肯定。即使稍有賣單進場，也會有其他投資人認為「這家企業可以儘管放心」，因而馬上就有買家接手。倘若股價飆漲，自然就會有人獲利了結，所以股價波動相對穩定，這是它的優點。

相場式投資最重視股價波動，所以「大企業的股票」，才是最符合相場式投資的買賣標的。

RULE 06 挑選市值佔大盤指數比重大的權值股

2023年4月時，在日本股市單日成交量達200萬股以上的上市公司排行當中，名列前茅的從三菱UFJ金控集團（約7406萬股，2023年4月17日成交量，以下皆同）、豐田汽車（約1896萬股），到經營停車場的普客24（約201萬股）等，共有135檔股票。

如果我們再稍微放寬視野範圍，那麼**入選「日經225指數」（Nikkei 225）成分股的**225**檔個股，以及入選「JPX日經**400**指數」**（JPX-Nikkei Index 400，以下簡稱JPX400）**成分股的**400**檔個股**，這些股票的股價波動活潑，交易也很熱絡。以相場式投資心法而言，它們就是無可挑剔的標的。

至於總市值突破5千億日圓的上市公司，則是從汽車製造龍頭的豐田汽車（TOYOTA，總市值約30兆日圓），到消費金融公司ACOM（總市值約5千億日圓），共有262家企業。

只要是符合「成交量穩定」、「穩健經營」這兩個條件的企業，股價波動就不會過於極端，也比較容易預估它後續的股價走勢，可通過相場式投資的篩選。

次頁的表格是2023年4月時，我精選出十檔「一生受用」的個股，幾乎可以說是檔檔都掛保證。一般容易預估後續走勢的個股，會隨著時間而改變，但這十檔個股，除非發生驚天動地的大事，導致企業體質改變，否則投資人應該可

從「相場式」觀點選出一生受用的十檔最佳權值股

排名	個股名稱	股票代號	類股
1	日水	1332	農林水產
2	森永製菓	2201	食品
3	神戶物產	3038	批發業
4	資生堂	4911	化學
5	普利司通	5108	橡膠產品
6	瑞可利 HD	6098	服務業
7	安川電機	6506	電力設備
8	豐田汽車	7203	運輸設備
9	伊藤忠商事	8001	批發業
10	日本郵船	9101	海運業

也建議您投資
日經225指數期貨，
或日經225在東證的ETF。

※2023年4月的資訊。十檔個股依股票代號排列，並無優劣之分。第九檔「伊藤忠商事」在類股區分上屬於批發業，但我讓它代表「貿易公司」而入選。HD＝控股公司

以高枕無憂。

我是從各類股較具代表性的個股當中，以最近的K線走勢為基礎，再從進出操作與股價走勢預估的難易度，挑選出這十檔股票。除此之外，我也建議您不妨投資日經指數期貨，以及日經225在東證的ETF。

實務上，股市新手可先從這十檔股票當中挑選一檔來操作；有把握的話，再擴大到三檔左右也無妨。關鍵在於您是否已經學會相場式的K線判讀能力，懂得如何判斷買進、賣出訊號。

請您根據自己的操盤水準，適度增

減投資的個股數量。

當然，您大可不必拘泥於這裡提到的十檔個股。只要是「單日成交量在200萬股以上，總市值夠龐大，且市場投資人持續穩定買進、賣出」的企業，在事業內容和業績上就不會有太劇烈的變動，股價波動應該也很容易預估。懂得憑自己的感覺，找出「**這檔股票的股價波動，和我特別投緣**」的個股，至關重要。

RULE 07

預設投資的「好球帶」

只要把心力全都投入在價格波動上，想在股市獲利，就可以說是「輕而易舉」了。那麼，究竟股價會有哪些波動呢？簡而言之，其實就只有以下三種：

「**上漲**」、「**下跌**」和「**持平**」（股價幾乎不動）。

所謂的股價，就是很容易從一路探底的格局，到進入低價區築底，再轉為持平盤整行情，直到某一天才開始點火上攻；又或者是在持續一波漲勢之後，於高價區持續盤整，接著反轉下跌。

先是持續上漲或下跌的格局，接著觸頂或打底後，進入持平盤整格局，然後再從底部反轉上攻，或從高檔崩跌……不論是看哪一檔個股的哪一個時期，K線上所呈現的股價波動，都大同小異。而相場式投資心法，就是要**找出個股在每一種格局之下會出現的股價波動模式，再根據它的規則性、可複製性和週期性，有條有理地去買賣。**

不論是處於上漲、下跌還是持平格局，都能從股價波動中獲利。不過，對於剛開始學習相場式投資心法的新手，我會建議您「**要先預設自己的好球帶**」，也就是只鎖定自己容易操作、容易獲利的格局去進出買賣。

有句話說「知之者不如好之者」。有人喜歡緩步墊高的格局，也有人和高檔急跌的格局特別投緣。

股市裡多得是身經百戰的專業投資人，新手要一天到晚在股海中搏鬥，未免太過辛苦。所以，**只要在我們擅長操作的股價波段出現時，再加入戰局就好**。散戶不是專業投資人，「不必每天都交易」可說是散戶的特權。找出和自己投緣的格局，是增進操盤功力的第一步。建議您要先搞清楚：什麼樣的股價波動才是自己的好球帶，又有哪些波段是壞球（可以放過不揮棒）。

RULE 08 別在上漲趨勢中急著獲利了結

股價往往會「上漲後，持平盤整再下跌」，或「下跌後，持平盤整再上漲」。

人人都想在上漲波段中進場買股，並在下跌波段中以融券放空，將獲利極大化。

股價這種東西，不是昨天上漲，今天持平，明天就一定會大跌。

真正在背後操弄股價的，是投資人的心態。人的心情、感受，不會每天都變動得令人目不暇給。投資人對個股的期待或樂觀態度，需要花一定程度的時間來逐漸蘊釀；而對個股未來的憂心或恐懼，一旦湧上投資人的心頭，就很難消退。

而夾在上漲和下跌之間的持平盤整，也是如此。投資人的心態，有時會因為股價沒有呈現明確的看漲或看跌，而**長期處於懸著一顆心的狀態**。

股價會不斷重複「上漲一段時間，接著持平盤整一段時間，接著再下跌一段時間」的循環。這樣的方向性，我們稱之為「**趨勢**」。所以，當股價進入上升或下降趨勢時，往往就會持續好一段時間。

在相場式投資心法當中，我們會從**K線數量、移動平均線的傾斜走勢、排列**，以及它和股價之間的位置關係等，研判在價格波動下所呈現的當前趨勢會持續多久。在股價維持一定趨勢的情況下，我們大可不必因為小賺了一筆，就急著獲利了結。

縱橫股海的成功之道，不只是要確保獲利，懂得如何讓「獲利極大化」也很重要。在〈第2章〉當中，我會再詳加說明某些參考依據，以便幫助您預測「趨勢能持續多久」。

09 RULE 凡夫俗子都能將勝率拉高到八成

並不是只有天才和鴻運當頭的人，才能在股海中獲勝。只要用心學習股價波動，鍛鍊投資技術，並學會如何控管自己的情緒，就能征服股海——因為股市就是一個開放的世界，只要累積足夠的經驗和知識，任何人都能從中獲利。

再怎麼忙碌的人，應該都能擠出通勤的一小時、睡前的三十分鐘，或是上廁所的十分鐘空檔，回顧歷史股價K線，學會看懂股價波動。只要不斷地練習、鍛鍊加努力，操盤的技術也會隨之提升。

我在前面的定律7中提過，我們要了解「自己擅於處理的好球帶」，再培養靜待好球出現的自制力，就可以提高進出股市的勝率。

找出股價變動和自己特別投緣的個股，而且就只操作這一檔股票的話，勝率還會更高；若**鎖定投緣的個股，而且只在自己熟悉的價格波動區間操作**，那麼勝率就算衝不到100%，少說也能推升到80%。

RULE 10 所有運動項目都需要練習，股票難道就不用嗎？

不論是運動，還是學習語言，不練習絕對不會進步。讀書、工作、興趣和運動，如果說「練習是這些事不可或缺的要素」，想必大部分的人都會認同，覺得「這是當然的」。

然而，**為什麼在投資股票的世界裡，練習不太受到重視呢？**

想必是因為**「投資股票成功獲利＝輕鬆賺大錢」的錯誤觀念，早已深植人心的緣故吧。**

投資股票也需要不斷練習，最好在實戰中損失慘重、虛懷若谷地從失敗或成功經驗中學習，否則根本不可能持續穩定地百戰百勝。

練習的方法其實很簡單。線圖上記錄了股價的波動變化，只要不斷地觀察這些圖表，熟記K線和移動平均線的關係，再把**相場式買賣訊號出現的瞬間和型態牢記在腦海裡**，僅此而已。

我們要做的事情很單純，就像棒球的揮棒練習一樣，只不過需要累積相當程度的次數才行——好好回顧過去的線型，看個幾百張，甚至幾千張，並用手指逐一檢視相場式投資心法的技術型態與買賣訊號出現的地方，直到這些知識化為我們自己的血肉才行。只要能重複操作這樣的練習，總有一天，努力必定會得到回報。

11 同一招要重複練習三千次，才能學得會

RULE

我從學生時代起，就一直在練空手道。國際空手道聯盟極真會館的創辦人——大山倍達老師，是我剛開始學習空手道時的師祖。「同一招要重複練習三千次，才能學得會」這個金科玉律，就是大山先生給我的教誨。他認為空手道若想練得登峰造極，這就是不二法門。

「大腦可以理解」和「實際可以做到」是兩件完全不同的事。自掏腰包進場買賣股票時，要能控制自己的欲望、亢奮、不安、恐懼、執著，做出最合適的判斷，需要經過一次又一次的練習。

但假如一次投資操作失利會損失10萬圓，恐怕我們都經不起在實戰操作上失敗三千次的摧殘。因此，我們更要在實際進場前的練習階段，觀察歷史股價線

圖，讓身體紮實地記住股價波動模式，例如「如果出現這種走勢，接下來就會變這樣……」等等。

如果要觀察納入JPX400成分股的400家公司，在過去三十年間的股價變化，那麼算起來就是要把三十年×400檔個股，等於必須將一萬兩千年份的股價波動記在腦海裡。嫌一萬兩千年太多嗎？請您至少要觀察三千年份，也就是回溯100檔個股過去三十年來的線圖走勢。在觀察每一根日K線的同時，還要預測次日的股價波動狀況。若能仔細看過三千年份的K線圖，就會明白「股價會以多久的週期，重複一次上漲→持平→下跌走勢」、「K線和移動平均線呈什麼形狀時，是進場操作的好時機」、「在相場式投資心法的買賣訊號當中，自己喜歡操作（最投緣）的型態是哪一種」。

這種曠日廢時的練習程度，恐怕要讓人昏倒了吧？不過，如果這就是通往致富的途徑，您應該會燃起鬥志才對。再怎麼一般的凡夫俗子，經過這樣的練習之後，投資功力一定會有所進步。

RULE

12 「當你休息時，我在練習；當你好夢方酣時，我在練習；當你在練習時，我當然也在練習。」

標題這句話，出自職業生涯戰績50戰50勝、創下史上首位以全勝戰績稱霸五大量級紀錄的美國拳擊手，前世界冠軍佛洛伊德．梅威瑟（Floyd Mayweather）。

梅威瑟是「防守天才」。他能瞬間看穿對手的拳路，並轉守為攻，動態視力和反射神經好得出神入化。看在一般人眼中，拳擊選手能鍛鍊的，就只有出拳力道、續航力和精力。然而，梅威瑟卻精益求精地努力，訓練出能讓他以毫米為單位的動作，閃過對手拳頭的動態視力和反射神經。

誠如梅威瑟的名言所述，50戰全勝的輝煌戰績，是因為他的**練習量相當驚人**。儘管我的股齡已逾四十年，但是每當我喃喃唸起這句名言，「我還要更努力，不斷追求進化才行」的念頭，總會鞭策我繼續前進。

RULE

13 「努力」也能套用複利的概念

在2023年喜迎九十一歲嵩壽的三浦雄一郎，在八十歲時成功完成了聖母峰三度登頂的壯舉，是全球屈指可數的著名登山家。以往，我曾有幸與三浦先生對談。當時，我聽說他在八十歲攀登聖母峰前，每天都會在腳上掛一公斤的重錘，繞著住家四周健走。而且還會逐漸加重腳上負載的重量，以便鍛鍊腰力、腿力，好讓自己能在聖母峰攻頂。

「我會慢慢地增加重量。久而久之，這些重錘就會成為我身體的一部分。」

三浦先生這麼說道。

這句話道盡了練習和努力的本質，是很鞭辟入裡的教誨。

看K線練習時也一樣，要有意識地**細水長流、不急不慌，投入時間去做，**讓這些努力很自然地成為您身體與思維的一部分。

實際進場投資時，買賣的股數也要分批加碼。先從操作100股，能確實創造1萬圓獲利開始做起；接著是操作1千股，要能穩賺10萬圓入袋；下一步則是要操作1萬股，獲利100萬圓。我們要累積實戰經驗，才能在持股增加時，依然保持泰然自若，進而創造獲利。在投資的世界裡，大家都說要提醒自己懂得運用「**複利投資**」——也就是將投資獲利再投入市場，讓獲利創造更多獲利，至關重要。

但事實上，不只資金會有複利，**努力也有複利的效果**。即使一開始會像烏龜般緩步前進，我們還是要腳踏實地向前進——因為我們要在以往學過的知識上，再加入新知，不斷精進操盤技術。

日日努力不懈，時時虛懷若谷，常懷抱「我想讓自己在股市的投資操作更高明」的念頭，持續精益求精。讓我們**養成努力的習慣**吧！

RULE

14 要有「越是高學歷、高收入，股票操盤越拙劣」的認知

在學校的考試、公司的晉升，或事業上的成功等方面，只要用對方法，努力投入，基本上都能獲得一定的成果。尤其是那些高學歷、高收入的族群，不管做什麼，往往都能做得更出色。然而，股市是一個很特別的環境，天資聰穎，而且擁有高學歷、高收入的人，同樣會被「秒殺」。這到底是為什麼呢？

或許是因為越是「高學歷、高收入」，越會認為「我既有學識又有才華，還有財力，投資股票不可能失敗」的緣故。就算投資失敗，造成虧損，也會用「我的想法才正確，是股市出現異常波動」之類的念頭，來合理化自己的行為，導致損失不斷擴大——不斷強調自己的判斷正確，一再地挑戰股市，到頭來只會付出慘痛的代價。

在投資股票的世界裡，高學歷、高收入族群不見得一定會成功。那麼，這究竟是個什麼樣的世界呢？投資股票是個重視**專業師傅的世界**。就像捏握壽司要找師傅學，才能捏得精美巧妙；職棒選手則要在總教練或專項教練的建議下精進技術一樣。

我自詡為「股票專家」，目標是要成為等級比「專家」更高的「股票大師」。在投資股票的世界裡，最重要的並不是知識或理論，而是**技巧**、**經驗和智慧**。此外，還要鍛鍊**人格層面**，培養懂得傾聽他人意見（即股價波動）的虛懷若谷，才能成為股市常勝軍。

有些人只學了投資基礎，就覺得自己已經對股票瞭若指掌，而輕忽了練習和鍛鍊，有時甚至還會在不知不覺間忘了傾聽他人意見。光靠大腦想，無法長久立於不敗之地。

在專業師傅的世界裡，就是要不斷地累積練習量，直到身體和心靈都能自然地做出反應，才算是朝「真材實料」邁進了一步。投資股票也是如此，高學歷、高收入的族群，要先學會謙卑，從懷抱「我對股票簡直是一竅不通，操盤非常拙劣」的心態開始做起。接著再持之以恆地練習，就能一無所懼——畢竟這些人本來就天資聰穎。

許多高學歷、高收入的族群，包括律師、醫師和公司高層等，都來到我經營的「株塾」，大家都很虛心地學習。

RULE 15 「瞄準好球出棒，不是全壘打就是安打！」

標題這句話，是前日本職棒選手落合博滿先生蒞臨「株塾」的春酒時，告訴我們的金玉良言。說到落合博滿，大家就會想到他是日本唯一一位曾三度獲得三冠王殊榮的傳奇巨砲。他成為日本職棒史上首位「億元男」的事蹟，也很有名。[2]

「只要朝你投來的，是容易打擊出去的好球，什麼球都能打出好結果。」這句話可說是充滿了落合風格的自信。

反之，這句話還隱含著另一層涵義，那就是**「面對壞球絕不出手，只等正中好球上門」的耐力，和洞悉機會的「選球眼」**，這才是真正的關鍵。

投資股票也是一樣的道理。當我們難以判斷股價即將走揚或走貶時，懂得暫停交易也很重要。只要確實遵守「碰到沒有十足把握的『壞球』格局，就要乾脆地放過不揮棒」這個大原則，投資股票的勝率就會大幅上升。而只在「就是現在！」的**良機出現時一決勝負的靈活彈性**，當然也不可或缺。

在職棒界，只要打擊率能常保三成以上，就已經是巨砲；而在投資股票的世界裡，勝率要到八成、九成，並不是癡人說夢。職棒選手一場比賽至少要站上打擊區三次，但投資股票只要覺得「今天沒有好機會」，就算完全沒站上打擊區，

2 1982、1985和1986年，落合博滿在打點、打擊率和全壘打這三個打擊項目名列第一，三度成為太平洋聯盟三冠王。他在1987年簽下年薪破億的合約，是日本職棒第一人。

也不會有人說三道四。和職棒相比，投資股票簡單多了。學會只等機會到來、好球上門才出棒的耐力，以及控制欲望、放過壞球不打的方法，勝率就會上揚。

RULE 16 相較於「廣而淺」，「窄而深」才是通往勝利的捷徑

在進一步深究「只要看準好球出棒即可」這句話的過程中，我有了這樣的想法——莫非**專精一招，聚焦深入探究，才是征服股海的祕訣**？

真材實料的專家、翹楚，或被稱為大師的人，不必是個「在任何情況下都能贏得好成績」的通才。

頂著高學歷的人，或許一路走來，都在國文、數學、自然和社會等所有科目上，拿到了平均分數以上的成績。然而，在投資的世界裡，你不需要「每一檔股票都拿到不錯的分數（獲利）」。比方說操作十檔個股，只要有一檔獲利豐厚，那

麼即使其他九檔多少虧損一點，以收支而言還是不成問題。

同一件事重複做幾千次、甚至是幾萬次之後，人人都會變得高明。甚至只鑽研一檔個股，祭出「一輩子就只靠這一檔股票來賺錢」的操作手法，也行得通。

相場式投資的基本心法，是「K線收紅，且由下往上一舉突破5日均線就買進」，也就是所謂的「下半身」訊號（請見第4章）。光靠這個訊號就創造出1億圓身價，可不是癡人說夢。如果您覺得一億圓太誇張，那麼改成1千萬圓也無妨。只要肯練習，人人都能「用相場式投資心法，賺進好幾千萬」。

專家所需要的，就只有一些經過打磨的簡單工具而已。只要我們充分運用「**K線**」和「**移動平均線**」，就能在股市獲利。

至於要讓投資股票的技巧更高超，步驟可分為三個階段：**大量操作↓聚焦並深入思考↓試著加入一些個人巧思**。

看過總計三千年份的線圖，將「呈現這個走勢時，就容易變成這樣」的既往模式，確實地烙印在腦海裡。

只要深入地聚焦觀察其中一種模式，我們的身體，不論處於在任何情況下，都會懂得只在有機會買、賣時做出反應，進而自然而然地學會該如何進出股市。

若能再更進一步思考這個想法，甚至還能催生出「如果我這樣做，就更能推升獲利」、「這樣做可避免投資失利」等巧思。

如此一來，我們就能透過投資股票，隨心所欲地創造獲利——就像壽司師傅會捏出美味的壽司，職棒選手能打出價值連城的全壘打一樣。

別把雜七雜八的東西，都塞進「投資股票」這個包包裡。**即使只有一項道具也無妨，請您要更深入、更聚焦地往下探究。**

第2章

相場式K線、移動平均線的定律

17 了解K線的基本知識

RULE

自本章起，我要介紹在相場式投資心法當中，實際用來作為買賣判斷根據的多項「定律」。

首先，我要從「K線圖」這個用來將股價波動記錄在線圖上的工具開始說明。要掌握股價波動的細微涵義、方向和強弱，就必須先了解K線的基本構造。

K線是由細長矩形的「柱體」部分，以及向上、向下延伸的直線——也就是所謂的「影線」所組成（有時不一定會出現影線）。

當一根K線呈現的是單日股價波動時，我們稱之為「**日K線**」；呈現單週股價時，則稱為「**週K線**」；呈現單月股價時，就稱為「**月K線**」。而所謂的K線圖，就是設定一段期間，在圖表上呈現股價在這個時間軸當中所發生的波動。

上漲是陽線，下跌是陰線

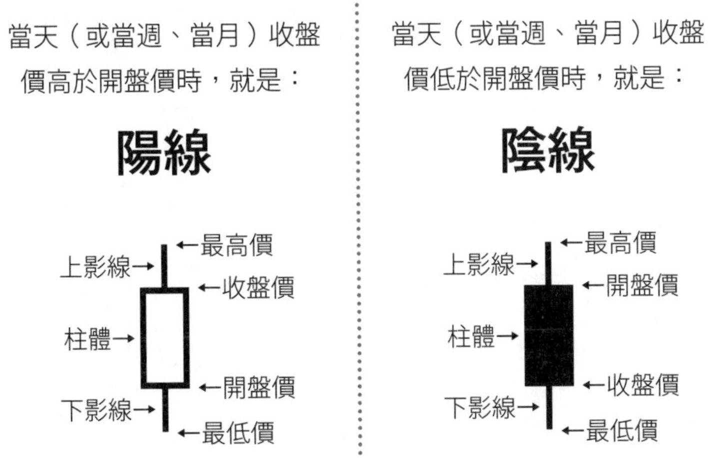

一般的折線圖只能用一個點來表示一個價位。相對的，K線圖可透過一根線，同時呈線四個價位（**開高低收**）。在指定期間中，交易之初的價格就是「**開盤價**」，交易結束時的價格則是「**收盤價**」。當股價上漲，收盤價＞開盤價時，就會以「**陽線**」（柱體內部用白色）來呈現；當股價下跌，開盤價＞收盤價時，就會以「**陰線**」（柱體內部用黑色或其他顏色塗滿）來表示[1]。

1 編注：台灣投資人所使用的陽線多用紅色表示，陰線則以黑色呈現，故常有人稱之為紅K、黑K。

在陽線當中，K線柱體下緣是開盤價，上緣是收盤價；反之，在陰線當中，K線柱體下緣是收盤價，上緣是開盤價。兩者開盤價和收盤價的位置相反，請您要特別留意。再者，指定期間當中的「**最高價**」，是從柱體向上延伸出去的上影線最前端；「**最低價**」則是以從柱體向下延伸出去的下影線最前端來表示。

RULE 18

從K線掌握股價波動的強弱

據說，音樂家只要看著樂譜，腦中就會響起音樂。而我只要看著K線，就能正確地想像當時的價格波動。快來學會只看K線，就能知道：①股價的起始點（開盤價）、②股價漲到哪個價位（最高價）、③跌到哪個價位（最低價），以及④最後以什麼價位作收（收盤價）。

當股價一開盤就持續大漲時，開盤價和最低價相同，收盤價則和最高價一

依 K 線柱體和影線的長度，分為四大類型

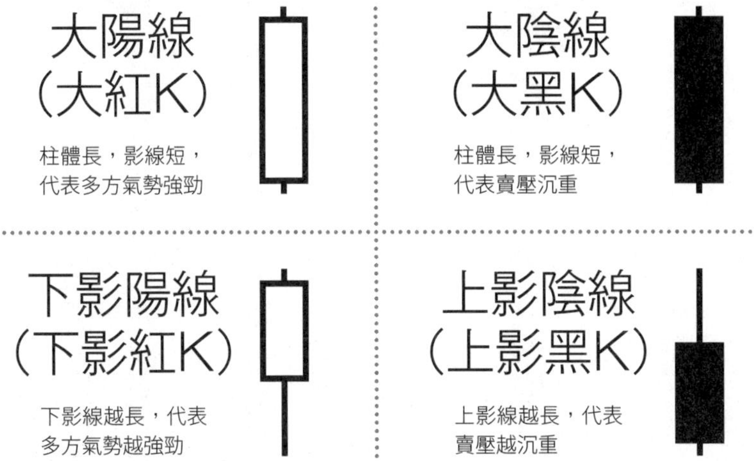
大陽線
（大紅K）
柱體長，影線短，
代表多方氣勢強勁
大陰線
（大黑K）
柱體長，影線短，
代表賣壓沉重
下影陽線
（下影紅K）
下影線越長，代表
多方氣勢越強勁
上影陰線
（上影黑K）
上影線越長，代表
賣壓越沉重

致，成為一根沒有上、下影線，只有矩形柱體的「大陽線」（大紅K）。反之，當股價一路走跌作收時，就會以「大陰線」（大黑K）來表示。通常在大陽線、大陰線的上、下任一方會留下影線，甚至是兩方都有影線。影線越短，就代表它的氣勢越強盛。

這裡我也說明一下長影線的情況。長上影線代表股價曾一度到達最高價，但買盤後繼無力，賣壓湧現，漲勢曇花一現後隨即走跌，是很疲軟的股價走勢。如果之後還跌破開盤價，以陰線（黑K）作收，就會形成股價在上攻時

面臨強大賣壓的「上影陰線」（上影黑K）。反之，長下影線呈現的則是一開始被倒貨大賣，把股價拉回到下影線所呈現的最低價，之後多方勢力捲土重來，逼退空方勢力的情況。倘若最後以高於開盤價的行情作收，就會形成「下影陽線」（下影紅K）。

仔細觀察K線，我們就能從它的形狀，想像出個股股價戲劇變化的細節。尤其是在上漲行情快到尾聲的頂部區，以及逐步走出下跌行情的底部區等，都會出現上影線或下影線很長的K線，這就是行情反彈前兆出現的訊號。

RULE 19 從線圖掌握股價的多空趨勢

股價會隨著投資人對企業的期盼和失望而漲跌。投資人的情緒會立即反映在股價上，所以在學習投資之初，我們只要全心全意地聚焦觀察K線即可。

從股價（K 線）的動向掌握股價全貌

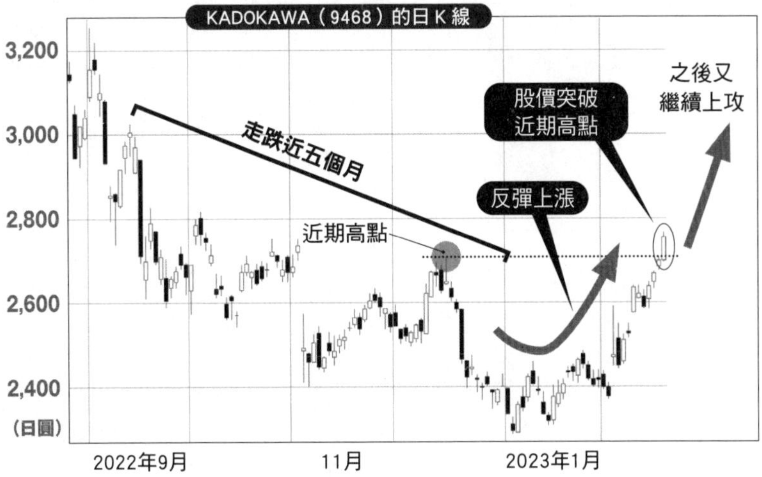

上方這張圖，是「KADOKAWA」這檔個股的日K線。圖表左側呈現的是一波持續了約五個月的跌勢；圖表右側則可看到股價反彈上漲，**最右邊的大陽線（大紅K）更是突破了近期的高點**。如果光看這張圖，要做出「漲勢看來很旺盛，值得買進拚一下」的判斷，恐怕一點都不奇怪。

就結論而言，後來「KADOKAWA」的股價的確**又往上漲**。只不過，由於它是在走跌近五個月之後反彈，所以光看這張K線圖，或許還不足以判斷它的走勢還會再繼續上攻。

這時，我們就要用更長的時間軸，去觀察它的週K、月K，從更大的趨勢格局當中，確認現在的格局究竟是處於哪個位置。

股價之所以會有趨勢出現，是因為實際買賣股票的投資人在彼此「拉鋸」。**當多方占優勢時，股價就會上漲；當空方占優勢時，股價就會下跌**；而當多空盤整持平時，則是因為雙方勢均力敵的緣故。

多方和空方的勢力消長，我們稱之為「**供需**」。股價天天都在變動，就是因為這個供需關係天天都在變化的緣故。

投資人「想買？還是想賣？」的心態，就是一個濾鏡，一些比公司業績表現更宏觀的因素，例如國內外經濟動向變化等，都會透過這個濾鏡反映到股價上，僅此而已。

只要我們懂得解讀股價線圖上所呈現的投資人心態，就能準確地預測股價未來走向。

20 「W底」有大漲的潛力

RULE

股價會依「下跌、持平，再上漲」（或相反）的趨勢變動。當股價大跌，接著持平盤整推移，之後強勢大漲時，經常會出現的股價波動型態就是「**W底**」。一檔股價持續下跌的股票，在同一個價格區間當中，兩度觸及最低價之後，只要突破中間的高價，就會形成W底。這個型態在日K和週K都會出現，不論出現在哪裡，它都會成為日後大漲的前兆。

次頁的圖表是是「明治控股公司」的日K線。它在一波持續近兩個半月的跌勢後，出現W底，華麗地轉身反彈上漲。

只要我們想一想投資人的心態，就能馬上看懂這一波上漲其來有自。前面持續了一段跌勢之後，股價觸底反彈，但在跌勢當中勢力坐大的空方認為「還會

長期走跌後的「W 底」，是反彈上攻的前兆

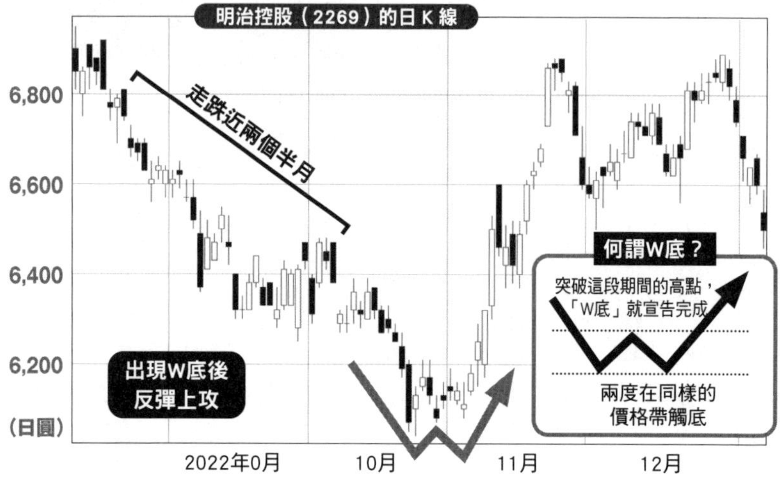
明治控股（2269）的日 K 線
6,800
6,600
6,400
6,200
（日圓）
2022年0月
10月
11月
12月
走跌近兩個半月
出現W底後
反彈上攻
何謂W底？
突破這段期間的高點，
「W底」就宣告完成
兩度在同樣的
價格帶觸底

跌」，於是賣單湧現。而這些賣單又再使股價受挫，不過跌到前一波低點附近時，換成多方認為「不准股價跌破前一波的低點」，而加強了買進力道。如此一來，許多空方投資人就會做出「既然沒有破底，那就差不多該獲利了結了」的判斷。空單回補就是買進，也就是說，**空方為了獲利出場所做的回補，也會加大股價反彈上攻的力道**。於是這裡說明的一連串走勢，就會以「W底」的型態呈現。

有時在彈升漲勢突然熄火之際，「W底」也會在急跌過程中浮現。這

時乍看之下，會覺得在W底已經製造了一波「**漲多拉回**」（股價在上漲過程中短暫回檔調節）的局面，但其實它的特色，就是後來往往會再跌破「W底」的低點。因此，我們要仔細觀察後續的價格波動，並提防股價是否跌破低點。

RULE 21 每天都要用「紙偶戲練習法」研讀線圖

觀察線圖的次數越多，投資股票的實力也會隨之增長。而最有效的研讀方法，就是拿「下一根K棒會漲，還是會跌？漲會漲多少？跌又會跌多深？」這個問題來自問自答，再一邊拖曳線圖，讓最前方的K線一根根地露出來對照。在相場式投資心法當中，我們把它稱為「**線圖紙偶戲練習法**」或「**線圖研讀法**」（Chart Reading）。

在實際的買賣操作當中，未來的K線會怎麼走，誰都說不準。大家都是預測後續的漲跌，再下單買進或賣出。如果股價走勢符合預期，就會獲利。預測「看不見的未來K線」究竟會發展什麼型態，是投資股票最重要的一種能力。而透過研讀既往線圖當中的每一根K線，培養自己的預測能力，正是「紙偶戲練習法」的目的所在。

在實際研讀線型時，除了K線之外，我們還要找出**股價的「趨勢指標」**——**移動平均線**，並預測它「接下來會怎麼發展」。

比方說，在次頁最左側的那張K線圖當中，股價曾一度站上5日移動平均線，可惜後繼無力。接著是一根大陰線（大黑K）摜破了5日線。想必應該有很多人會預測「股價之後還會再跌」吧？

結果隔天怎麼樣了呢？我們用看盤工具等軟體拉動時間軸，讓畫面上每次只會多出現一根K線——果然不出所料，就如中間那張K線圖的「①」所示，隔天股價大跌，又拉出了一根大陰線（大黑K）。因此我們就會預測「跌勢這麼猛呀！隔天應該還會再往下殺」，於是我們再找出下一根K線……沒錯！您猜對

預測一下隔天的 K 線吧！

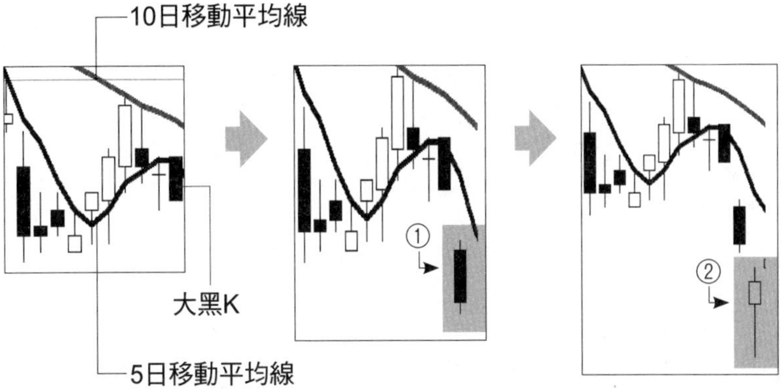

※以上K線圖僅為示意

了，果然又是大跌。

不過，出現在最右側那張K線圖上的K線②，是一根留有長下影線的陽線（紅K）。儘管股價本身的確還是大跌，但已有投資人認為「超跌了吧」而帶動買單進場，扳倒賣壓，推升股價回升到當日最低價和開盤價之上。這個走勢，讓人不禁心想：「搞不好接下來會漲喔？」懷抱著這樣的預測，再滿懷期待地找出下一根K線……。如果您能學會享受這種線圖「紙偶戲練習法」的樂趣，覺得就像在看電影一樣，那麼您預測股價的能力就會突飛猛進。

像玩紙偶戲那樣，練習預測未來股價走勢

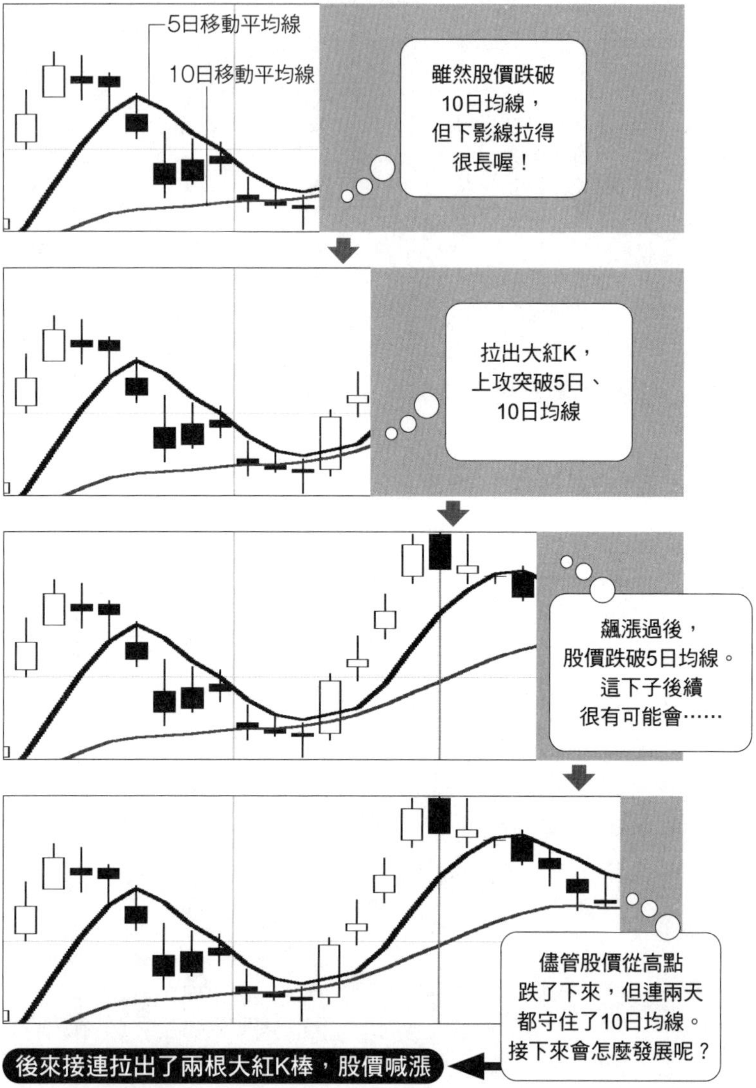

※以上K線圖僅為示意

覺得一下就要開始預測股價走勢、難度很高的朋友，不妨先試著展開整張K線圖（請見右圖），掌握整體股價走勢後，再把時間軸拉回過去，從頭「再次體驗」這一波股價波動。如此一來，您對於構成整體股價走勢的每一個細微波動，究竟代表著什麼涵義，就會有更深入的了解，進而**懂得從K線的各種排列組合，以及K線站上或摜破均線等變動，想像下一波的股價走勢**。

RULE 22 「一檔股票看三十年」，克服自己的弱點

選一檔你有興趣操作的個股，把它過去三十年份的股價波動當作課本來鑽研，做線圖的紙偶戲練習（線圖研讀），就能把這檔個股特有的**股價變動習性**、**關鍵價格帶**、整年的**股價變動週期**，以及股價從過去到現在的**長期發展方向**等，都烙印在腦海裡。

在三十年份的股價波動當中，想必一定會有空頭行情，也會有多頭行情；有從多頭行情急轉直下、落入空頭行情的格局；應該也有持續疲軟後進入盤整格局，接著再一點一滴、花很長時間緩步墊高，再轉為多頭的走勢。

假設我們觀察某一檔個股的K線圖，發現它近期的K線已突破過去的盤整格局，氣勢如虹地拉出了大陽線（大紅K）。這時如果我們已經逐日練習完三十年份的線圖紙偶戲，應該會豁然開朗地喊出一聲**「啊！」**才對。「在這種線型拉出紅K之後，就會持續一波漲勢——我在練習線圖紙偶戲時，就已經看過不知多少次啦！」如果能像這樣靈光一現，後面的獲利就是探囊取物了。

只要精讀三十年份的線圖，也就是觀察過幾千、甚至是幾萬次紅K出現的時機，**在腦中形成自動判斷的迴路**，知道在持平後拉出一根突破盤整格局的紅K之後，往往會持續一波漲勢的話，對於我們投資股票的實際操盤，會很有幫助。

反之亦然。只要記得在練習線圖紙偶戲時，哪些是自己不擅處理、經常預測失準的情況，當實際線圖出現類似走勢時，我們就可以知道自己「可能不太擅長處理這種情況」，而選擇不進場買賣。只要有心克服自己的弱點，繼續努力研讀個股以往的線圖，就能戰勝弱點，還能找出新的課題。

先試著**找出自己心目中「很容易預測」的盤面**，持續打磨自己的長處；行有餘力時，再留意自己的弱點，努力克服——這樣的學習循環會非常有效。

RULE

23 了解移動平均線的基本知識

日本有一首歌謠中唱道：「一把菜刀~♪[2]」（年輕朋友可能沒聽過吧）。如果說壽司師傅的工具是菜刀，那麼我這個股票專家隨身攜帶的武器……不，應該說是道具，就是**移動平均線**了。運用移動平均線來預測行情走勢，堪稱是相場式

2 出自藤島恒夫所演唱的《月下法善寺橫町》，是紅極一時的名曲。開頭歌詞是「一把菜刀，用棉布包起，即便出門遠行，還是有板前習藝在等著我」。

投資心法的精髓。

光看移動平均線當中的「平均」二字，您應該不難明白，它是用每天波動的股價，計算出某一段期間的平均值，再將這些平均值（點）串連而成的線。

移動平均值使用的股價，是每天的收盤價。通常在日K線上多半會呈現出以5天為單位算出平均股價的「5日移動平均線」，和以25天為單位算出平均股價的「25日移動平均線」；至於週K線上呈現的則是13週和26週的移動平均線。很多看盤軟體都可依使用者喜好，自行調整週期長短。

我在次頁用圖解的方式，呈現了日K線的5日平均線繪製機制。當某檔個股的收盤價為「840圓→780圓→730圓→700圓→670圓」時，我們就可以用「（840圓＋780圓＋730圓＋700圓＋670圓）÷5」來計算平均值，算出744圓。這個744圓，就是收盤價670圓那一天的5日移動平均線。

那麼，假如隔天的收盤價是680圓，移動平均值又會是多少呢？此時要剔

學習移動平均線的構成機制

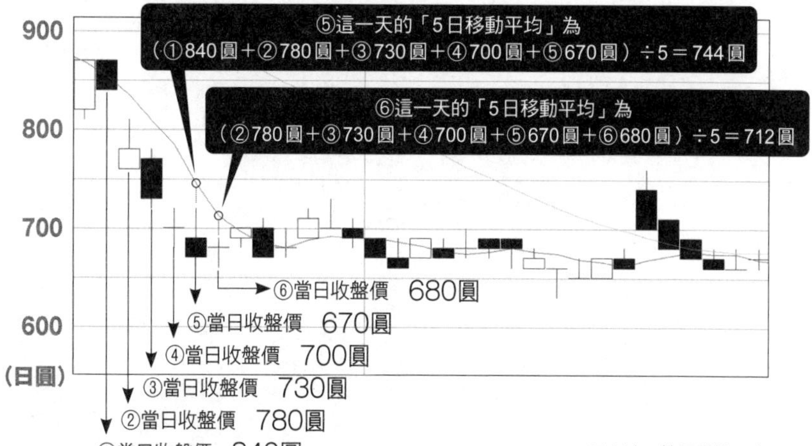

※以上K線圖僅為示意

除「840圓」這個最舊的數字，再加入最新的「680圓」，就成了「（780圓＋730圓＋700圓＋670圓＋680圓）÷5」，算出712圓。

這就是股價收在680圓時的5日移動平均值。把這個平均值依序串連起來，就成了5日移動平均線。

每多出一根新的K線，就要排除最舊那一根K線的收盤價，並加入最新K線的收盤價，來算出平均值，就能畫出移動平均線。

算出收盤價的平均值，就能看出在

這段期間當中，投資人買賣該檔個股的**平均持股成本**。比方說，就前面這個例子來看，當個股的股價收在680圓時，5日移動平均是712圓，那就表示在過去五天內買股的人，以平均來說是虧損的；反之，空方則是處於獲利的狀態。當移動平均線一路走升，就表示股價的平均值在上漲，可判斷個股處於一波漲勢中。

移動平均線有一個很大的優點，就是我們只要**觀察它的「走向和傾斜」，就能瞬間掌握特定期間的股價走勢是漲、是跌，還是持平盤整**。

和5日均價相比，10日或20日均價比較不容易出現變化——畢竟5日線每天都會從過去五天當中剔除一天，並新增一天的股價；但10日線是從10天中剔除一天，而20日線更是只從20天中剔除一天的數字。我們就順著它這個特性，在K線圖上呈現出同一特定期間的多種移動平均線，用來判斷是否要買進或賣出。

24 同時呈現5、10、30、50日移動平均線

RULE

移動平均線就像是「無人機」，能帶領我們從**更宏觀的角度俯瞰股價波動**。K線有時紅、有時黑，有時上影線、有時下影線，有時出現跳空**缺口**（K線和K線之間的一個空間，表示前一天的收盤價，和當天的開盤價之間出現落差）上漲、下跌，甚至有時還會像「脫韁野馬」似的亂跑。光是追著這種波動，就想預測出接下來的股價走勢，其實難度很高。

而移動平均線就是能讓我們退一步、從遠處洞悉價格波動本質的工具。它呈現的是K線當中的收盤價平均值，優點就是能讓我們從中掌握「股價上下動得這麼複雜，**到底走勢是漲還是跌**」這個最關鍵的因素，所以我非常愛用移動平均線。

而運用移動平均線的重點，就在於**要呈現出什麼週期的均線**。目前在相場式

投資心法當中，我們會在日K線上同時呈現「**5日、10日、30日、50日**」這四條移動平均線，從它們的傾斜、排列，以及與股價的位置關係，來解析行情走勢。

以往我們也曾有一段時間是設定使用「5日、20日、60日」，不過現在是固定使用對股價波動反應更敏銳的「5日、10日、30日、50日」。

如果沒有碰上國定假日，那麼「**5日**」剛好就是一個星期會開盤交易的天數。投資人的心態會在週末重新洗牌，所以很多時候都是以「5日」作為一個段落；而「**10日**」則是「**5日**」的2倍，也就是呈現約兩週內的股價走勢；至於「**30日**」就是涵蓋約一個半月、「**50日**」則是涵蓋約兩個半月的週期設定。

這一套「5、10、30、50」的設定，除了用在日K線上之外，也可用於時間軸更短的5分線或1小時線；甚至還可套用在週K線、月K線上。

在各個網路券商平台上，如果看盤工具的移動平均線用的是週K線，均線就會預設為「13週」、「26週」、「52週」；如果是月K線，均線則多半預設為「9個月」、「24個月」、「60個月」。建議您別忘了自行調整為「5、10、30、50」。

相場式投資心法所使用的移動平均線，「日K線」是關鍵

一般的日K		相場式投資心法的日K，要看這個週期！	週K	月K
5日	➡	5日	5週	5個月
25日（在週六也開盤的時代，25個營業日＝約一個月）	➡	10日	10週（約兩個半月）	10個月
75日（在週六也開盤的時代，75個營業日＝約三個月）	➡	30日（約一個半月）	30週（約七個半月）	30個月（兩年半）
100日（在週六也開盤的時代，100個營業日＝約四個月）	➡	50日（約兩個半月）	50週（約一年）	50個月（約四年）

25 RULE

K線和移動平均線是一對戀人

移動平均線是由K線的平均值組成，**因此設定的週期越短，移動平均線就會越容易受到近期K線的價格波動影響**。K線會上下劇烈震盪，而所有不規則的異常波動，也都是平均值的一部分，會被吸納到移動平均線之中。因此，當K線偏離這條由平均值所組成的移動平均線太遠時，移動平均線就會出現跟隨K線腳步（或是K線再向移動平均線靠攏）的走勢。「雖然暫時分道揚鑣，但之後兩者又再靠攏」是很常見的情況。所以就某種層面而言，K線和移動平均線就像是一對「關係若即若離的戀人」。

再來看看「傾斜」，它也是移動平均線的觀察重點。一條走揚的移動平均線，代表個股的平均價格在這段期間內正緩步上漲。換言之，如果移動平均線的傾斜方向是一路向上，就代表個股處於漲勢；如果是一路向下，就代表個股處於跌勢；一路持平時，就可判斷股價處於盤整格局。

傾斜的角度也很重要。

我們可以這樣解讀：傾斜角度陡，代表股價走勢強勁；傾斜角度緩，代表走勢溫和。

比方說像次頁的這張圖，儘管移動平均線有「5日、10日、30日、50日」之分，但每一條均線都向上攀升時，就代表這檔個股從5日到50日的平均價格都在上漲，可解讀為漲勢相當強勁。

此外，我們也可以做出這樣的判斷：儘管先前股價一度走跌，但其實長期以來，股價的平均值都在步步墊高，所以它「總有一天會收復（上漲）價位」。當個股股價在短期內跌到最下方那條向上墊高的移動平均線時，我們稱之為「**漲多拉回**」（意指股價處於修正格局）。在這個時機點買進，等於就是「逢低布局搶反彈」。

K 線會沿著移動平均線的發展方向變動

「向上」就是漲勢

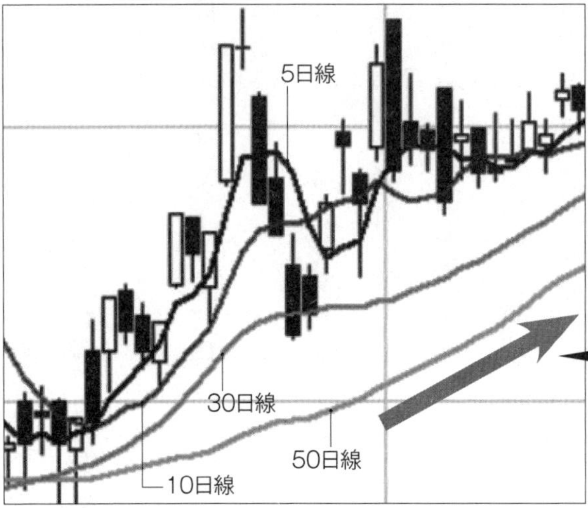

若移動平均線向上，股價就比較容易上漲，即使短暫下跌，後續多半還是會反彈

「向下」就是跌勢

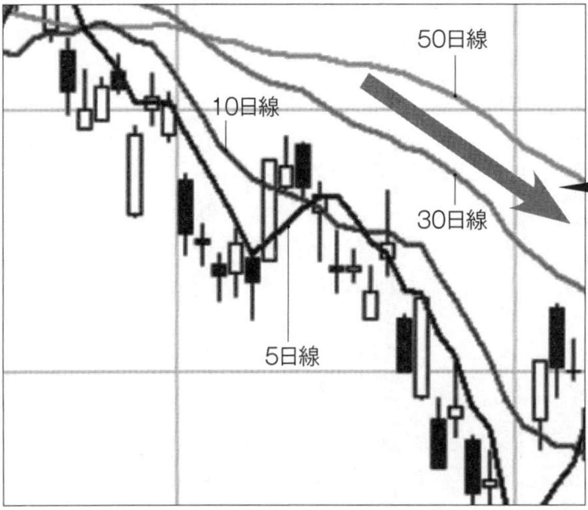

若移動平均線向下，股價就比較容易下跌，即使短暫反彈，後續多半還是會回落，易走跌

※以上K線圖僅為示意

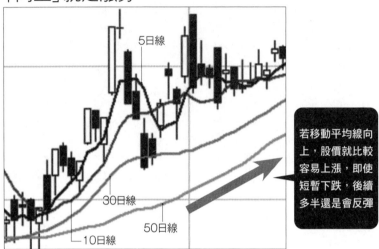

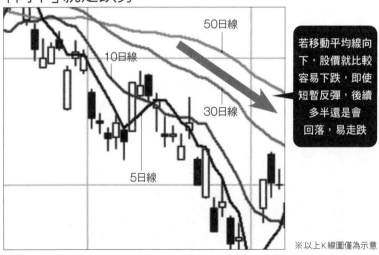

反之，當「5日、10日、30日、50日」這幾個週期的移動平均線都向下探底時，就代表跌勢強勁，把資金用來放空，更容易成功獲利。這時股價往往會出現短暫的上漲K線，直到觸及移動平均線之後，便又再次回落。看準這種「**反彈出貨**」的進場時機，是一個很有效的操作方法。

RULE 26

「只要」俯瞰移動平均線就好

移動平均線的優點，是它能將變化多端的K線，「抽象化」變為一條簡單的曲線。我們可以這樣說：光看K線，會覺得股價波動是很隨機的，而**從中萃取出「精華」、「精髓」的，正是移動平均線**。

在相場式投資心法當中，我們也常發揮它的這項特質，使用「**『只要』移動平均線的線圖**」。把紅黑（陽線、陰線）交雜，上、下影線亂舞的複雜K線都拿掉之後，它就能幫助我們把股價整體走勢都清楚記在腦海裡——這就是「『只要』移動平均線的線圖」的一大好處。

次頁下方的這張圖，就是把K線拿掉的「『只要』移動平均線的線圖」。怎麼樣？只追蹤短期（5日線等）和中長期（10日線、30日線等）的移動平均線，線圖就變得很簡明易懂了吧？

移動平均線在這張圖的左側呈現下跌趨勢，但到了右側的三分之一處，下跌的角度開始稍微趨緩，甚至在短期線上已準備點火上攻。接著短期線很明顯地向上攀升，中長期線的傾斜，也從「向下」轉為「持平盤整」。

而在次頁上方的圖中，不僅有K線，也有移動平均線。如果您覺得股價上下震盪，很難看出箇中端倪，不妨像下方的圖一樣，只看移動平均線就好。

此外，倘若我們能不被K線弄得眼花撩亂，只看短期移動平均線的話，就會研判要在次頁上圖「①區」的短期線反彈向上之前持續融券放空；到了短期線向上攀升，又再回跌時，我們就可再下空單，直到「低點②」再獲利了結。

股價上下震盪、難以判讀時，可以先把 K 線拿掉

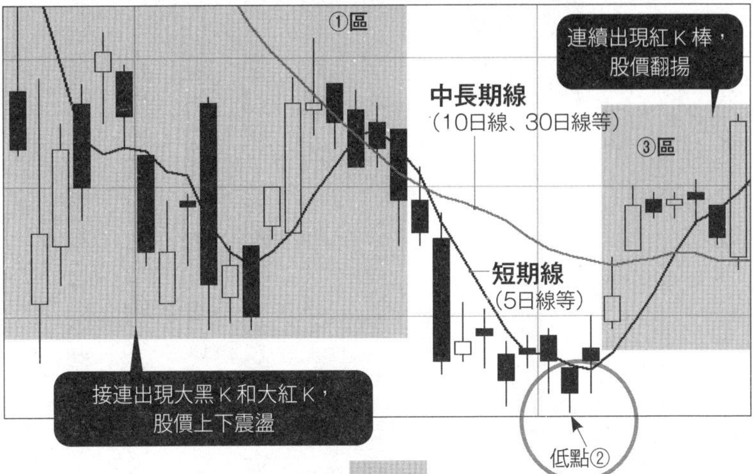
①區
連續出現紅 K 棒，
股價翻揚
中長期線
（10日線、30日線等）
③區
短期線
（5日線等）
接連出現大黑 K 和大紅 K，
股價上下震盪
低點②

不論是再怎麼複雜的股價波動，
只看移動平均線的話就會變得很單純

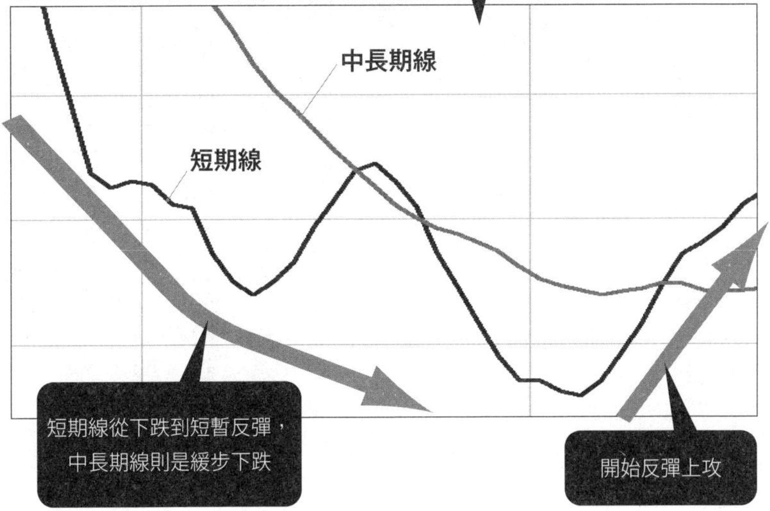
中長期線
短期線
短期線從下跌到短暫反彈，
中長期線則是緩步下跌
開始反彈上攻

而在「③區」當中，短期線已止跌回升，所以我們要再下新的買單。之後由於短期線持續攀升，甚至還突破了中、長期線，故可研判應持續買進。

在相場式投資的諸多心法當中，這一套暫時拿掉K線，運用「『只要』移動平均線的線圖」的判斷技巧，非常受到歡迎。懂得**用中、長期線的傾斜來決定多、空方向，再用短期線的上下變動來決定進場時機**，那麼就算我們只看移動平均線操盤，也綽綽有餘。等熟悉這一套方法之後，只要觀察移動平均線，就能明白目前K線上的股價變動狀況如何，落在哪個價位等等。

RULE 27 「不會看的就不要看」之祕訣

能幫助我們不被K線弄得眼花撩亂，進而確實掌握價格波動本質的技巧，就是在定律26說明過的「『只要』移動平均線的線圖」。在相場式投資心法當中，又把這一招稱為「不會看的就不要看」。

以日K線為例，我們把K線從線圖上拿掉，**只用「5日線、10日線、30日線、50日線」這四條移動平均線，宏觀地分析個股整體股價波動的趨勢、方向和強弱**。

第81頁是我特別喜歡的一檔個股——「日本郵船」的「『只要』移動平均線的線圖」。上半部這張圖，是它從漲勢點火到結束為止的5日線、10日線、30日線、50日線波動。這種線型真的很常出現，請您一定要把它烙印在腦海裡。

首先，當50日線還在盤整時，5日線就已在10日線的上方止跌回升。到了「①」區間時，30日線和50日線也已向上突破，開始上攻；到了「②」區間時，雖然5日線出現短暫下跌，但究竟是會就此進入一波大的跌勢？或是會再伺機止跌回升？端看後續的股價波動而定。而5日線、10日線在「③」區間反彈上揚，故可研判「以中期來看應該會持續上漲」。建議您還要留意：**在持續強勢上漲的格局當中，移動平均線的排列順序會是「5日線＞10日線＞30日線＞50日線」**。

此外，**當均線彼此之間的間隔逐漸擴大時，就表示漲勢正在加速**。次頁上圖右側的5日線、10日線快速下探，宣告這一波漲勢已經落幕。

至於次頁下方的這張圖，則是股價持續在高檔盤整後崩跌時，移動平均線常出現的波動。

「④」區間這種**渾沌的波動**，往往到頭來會轉為劇烈的震盪，故宜戒急用忍、靜待時機。從盤面上5日線、10日線漲不動，30日線、50日線則已從盤整轉趨下探的情況來看，顯然很有機會朝跌勢的方向發展。之後在「⑤」區間當中，原本收斂的均線逐漸拉開間隔，並開始下探——這個變化就是正式進入跌勢的起點。只要均線持續呈現跌勢的排列順序，也就是**「50日線>30日線>10日線>5日線」，股價就會繼續重挫**。到了「⑥」區間時，5日線和10日線都已反彈向上，重挫格局才告一段落，跌勢也開始出現結束的徵兆。

綜上所述，秉持「不會看的就不要看」原則，買點、賣點就會變得更清楚明瞭。

只觀察移動平均線，較容易掌握整體走勢

上漲時常出現的線型

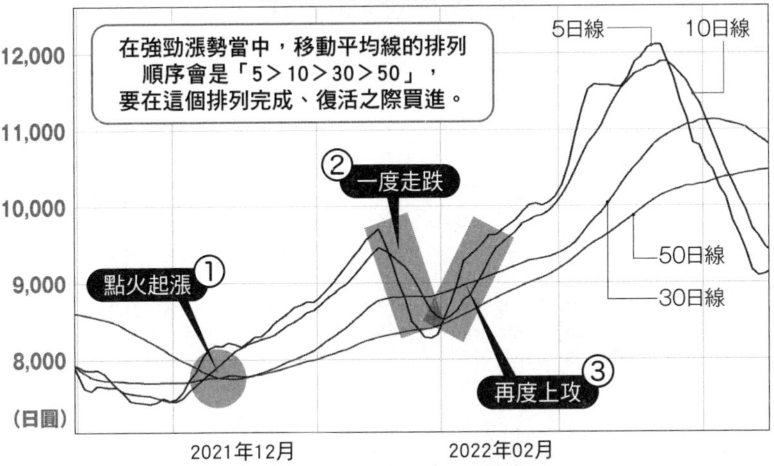

下跌時常出現的線型

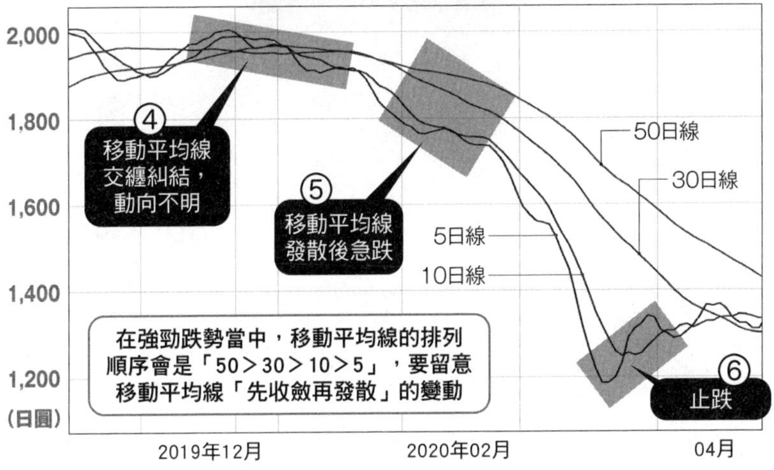

日本郵船（9101）的日K線

28 從啤酒中體悟——已知結論的精進法

RULE

據說，我們只要重複操作「將啤酒倒進啤酒杯裡」的動作，操作幾萬次之後，即使熄了燈，在一片漆黑當中，仍然能滴水不漏地將啤酒倒好。然而，如果打從一開始就在一片漆黑的環境中練習，恐怕拚命練習一百萬次，都練不成這個「特技」。

投資股票也是一樣。要先根據既往的案例，**在看得到「答案」的狀態下，一再反覆操作，這才是通往成功的捷徑**。試著在已知結果的狀態下，思考後續結果會如何發展——因為我們已經知道結果，所以很容易找到「正確答案」。

在已知答案的狀態下解題，能學到的，是帶領我們通往答案的「解方」。您是否覺得「既然都已經知道答案了，解題還有什麼意義」呢？然而，我們要用身體去記住這些已經知道答案的題目該怎麼解，才能學會如何在不知道答案的情況下，也能做出「如果是這樣，那麼後續應該會這樣發展」的預測。在準備考大學時，想必一定有人曾拿歷屆試題來反覆練習吧？透過這種練習來記住解題方法，固然是目的之一，但同樣的題目一寫再寫之後，身體就會反射性地做出「啊！這題要這樣解」的反應，手也會自然而然地動起來。學習投資股票之際，我們也要培養出這樣的敏銳度。

RULE

29 在腦中打造「若這樣，就會那樣」的迴路

先在看得到答案的狀態下持續解題，讓腦中建立一套「題目→答案」的完整思考流程，那麼之後即使在不知道答案的情況下，我們的腦海中也會自然而然地形成一套**「如果是這樣，那麼後續就會這樣發展……」**的思考迴路。

「如果是這樣，那麼後續就會這樣發展」的代表案例

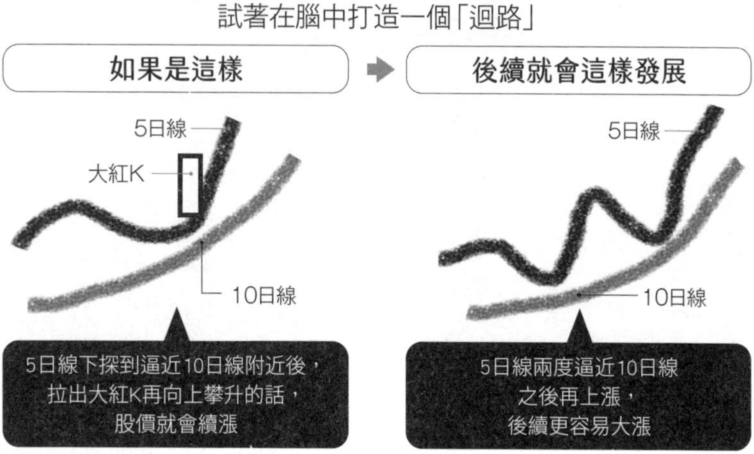

試著在腦中打造一個「迴路」
如果是這樣
後續就會這樣發展
5日線
大紅K
10日線
5日線下探到逼近10日線附近後，
拉出大紅K再向上攀升的話，
股價就會續漲
5日線
10日線
5日線兩度逼近10日線
之後再上漲，
後續更容易大漲

有一個用來判斷買賣的線型，是當5日線和10日線在上攻的過程中，5日線雖一度下跌，朝10日線逼近，但只要之後出現大陽線（大紅K），漲勢就會再起，故可買進。我們用上方左側這張圖，簡要地呈現了這個概念。若您在許多個股過去的線圖上看過這個線型，應該就會發現：當5日線朝攀升中的10日線逼近一到兩次，之後再轉進漲勢時，股價就容易大漲。

尤其是當逼近兩次時，會比逼近一次更有機會正式進入一波漲勢，吹響股價飆漲的號角——只要您曾多次觀察以

往的線型，應該會發現這一點才對。

反覆熟記一個線型，自然就能學會它的應用。因此，在腦海中建立一個「如果是這樣，那麼後續就會這樣發展」的基本迴路之後，就能靈活地預測「既然現在是這樣，那麼接下來應該會那樣」。

RULE 30 從移動平均線的「排列」掌握股價走勢

在計算移動平均線時，以5日移動平均來看，「最新的一天＝最近的收盤價」在整個平均值當中的占比，會比10日移動平均來得高。因此，移動平均線的週期越短，越會呈現出朝股價（K線）靠攏的特性。

當個股處於漲勢，股價持續上漲，收盤價步步墊高時，排列在K線圖最上方的是股價，在它下方的5日線，以及更下方的10日、30日和50日線會同步上揚，排列得整整齊齊。換言之，留意各種不同週期的移動平均線呈現什麼排列順序，就能看出股價在當下的發展方向。

當移動平均線的排列順序為「5日線>10日線>30日線>50日線」，且每條均線都向上攀升時，就是一個無懈可擊的漲勢；反之，當排列順序為「50日線>30日線>10日線>5日線」，且每條均線都向下探底時，即可判定為毋庸置疑的跌勢。比方說，假設5日線、10日線在向上攀升時，5日線一度回跌到逼近10日線，等於5日線打算發展的方向，和在週期較長的移動平均線上所呈現的大方向走勢，是背道而馳的。不過，只要10日線向上攀升的力道夠強勁，5日線背道而馳的走勢就會越疲軟，進而重回長期向上攀升的基調——這就是一個絕佳的買點。

當然也有相反的情況。例如當5日線向下穿越10日線，連帶使得10日線也轉往下探時，股價在5日線下方重挫，所以是趨勢轉換的訊號。移動平均線的排列和走向變化，其實都是可以用來判斷買、賣時機的素材。

觀察 5 日線和 10 日線的位置變化

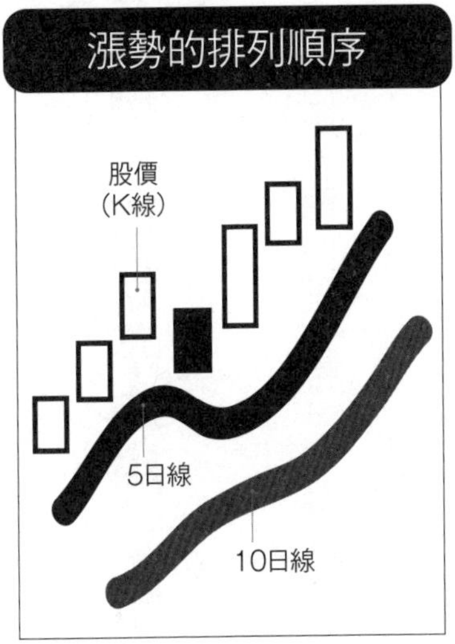

漲勢出現變化

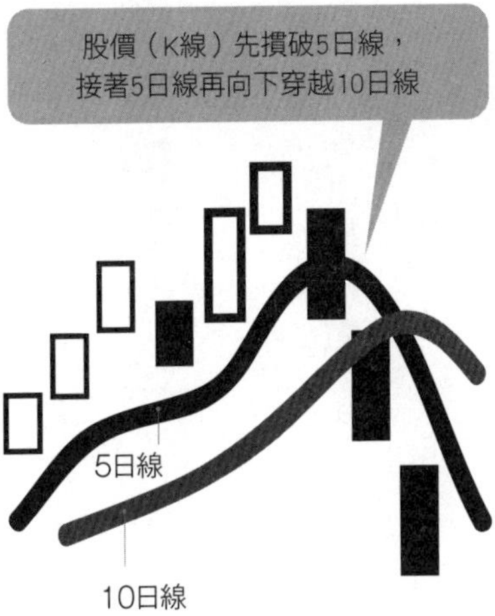

跌勢出現變化

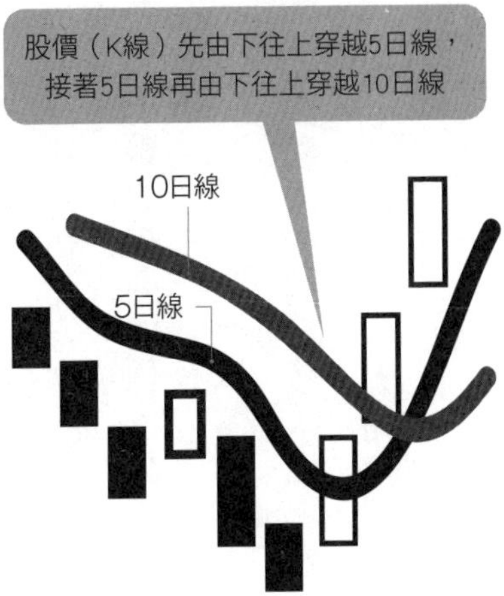

RULE

31 用「移動平均線」狙擊行情轉換的時機

當移動平均線的排列是「5日線＞10日線」時，代表股價持續上漲，值得靠多單一搏；若為「5日線＜10日線」時，則代表股價持續走跌，該用空單力拚——這就是一套不與股價走勢背道而馳的多空操作邏輯。

不過，在漲勢或跌勢持續一段時間之後，有時走勢就會朝反方向發展，也就是出現所謂的「趨勢反轉」。**只要平時多留意移動平均線的排列變化，其實就可以提前察覺到這種變動**。

在第90頁的圖表當中，我呈現了股價在持續一段漲勢或跌勢之後，出現趨勢反轉時的股價（K線）、5日線和10日線。它們都是索尼（SONY）集團的股價線圖。

請見次頁的上圖，**當股價處於一段持續墊高的漲勢時，「股價>5日線>10日線」**的排列，就成了最基本的線型，接著，當5日線一度下探至逼近10日線之後，再反彈上攻時，就是敲進買單的大好機會。此時，股價應該會由下往上突破5日線，進而翻轉上揚。

換言之，儘管股價跌破5日線，而5日線也向下探，但股價會再突破5日線，5日線也會反轉向上。只要在多空反轉的這個時間點買進，就能在漲勢復活之初上車，放大獲利。這就是最具代表性的一種「**逢低買進**」操作。

然而，當股價跌跌不休時，5日線會再往下探，由上往下穿越10日線。而股價和移動平均線的排列，就會轉為「10日線>5日線>股價」，也就是跌勢的排列。之後如果股價持續下跌，使得均線不只5日線，就連10日線都開始反轉向下時，個股進入跌勢的機率就會升高。當10日線從原本的持平盤整，開始翻轉向下時，就要準備找空單的進場時機。

至於次頁的下圖，呈現的是個股在持續一段跌勢之後，反轉進入漲勢時的股

「當趨勢改變就反向操作」的例子

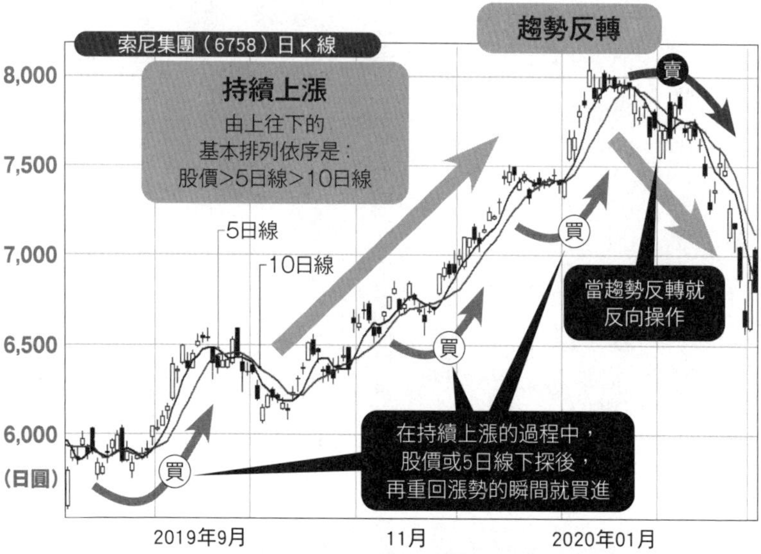
索尼集團（6758）日K線
趨勢反轉
持續上漲
由上往下的
基本排列依序是：
股價>5日線>10日線
5日線
10日線
賣
買
當趨勢反轉就
反向操作
在持續上漲的過程中，
股價或5日線下探後，
再重回漲勢的瞬間就買進
8,000
7,500
7,000
6,500
6,000
(日圓)
2019年9月
11月
2020年01月

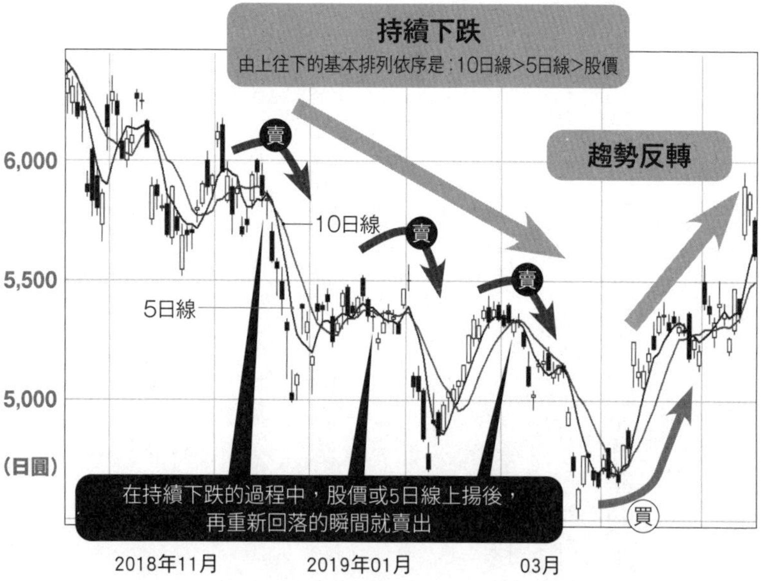
持續下跌
由上往下的基本排列依序是：10日線>5日線>股價
趨勢反轉
賣
10日線
5日線
買
在持續下跌的過程中，股價或5日線上揚後，
再重新回落的瞬間就賣出
6,000
5,500
5,000
(日圓)
2018年11月
2019年01月
03月

價、5日線和10日線之波動走勢。

當股價持續下跌時，線圖會呈現「10日線＞5日線＞股價」的排列。在這樣的跌勢當中，5日線雖一度反轉向上，來到逼近10日線的水準，但後繼無力，又再次回跌之際，就是您該緊盯解套賣出點的盤面了。

之後股價又開始上攻，5日線突破10日線，形成「5日線＞10日線＞股價」的漲勢排列時，我們就要趁趨勢反轉，買進新的部位。如此一來，不論股價是漲是跌，我們都能獲利——請您務必聚焦觀察移動平均線的排列順序和走向，搭上趨勢持續或反轉的波段，並從中獲利。

RULE

32 用「10日＞30日＞50日線」判斷，無論何時進場都能獲利

股價（K線）天天都在變動，因此光看股價，就要判斷「接下來到底是漲還

是跌」，對股市新手來說難度相當高。這裡，我要傳授各位一套看盤方法，那就是把波動較劇烈的K線，以及週期最短的5日線拿掉，只留下10日線、30日線和50日線。

當股價持續攻高時，這三條線的排列順序應該會是「**10日線＞30日線＞50日線**」。只要這個排列順序沒有打亂，K線就會持續走揚，**不論什麼時候進場買賣，都能獲利！**

或者，你也可以在這三條均線剛轉為「10日線＞30日線＞50日線」之際，就立刻買進，那麼之後只要均線維持「10日線＞30日線＞50日線」，就能不斷地放大獲利。

次頁這張圖，是「豐田汽車」的日K線。如果我們觀察的，是上方那張呈現了K線的圖，那麼就整體趨勢而言，個股的確在上漲；但在過程中，K線也曾持平盤整，甚至下跌。倘若我們手上持有多頭部位，恐怕會有些心驚膽跳。

這時，我們只要觀察下方這張拿掉K線的圖，就很容易看出「10日線＞30日

跟著 3 條均線的訊號進場，不論何時都能獲利！

線＞50日線」這個屹立不搖的排序，而且還持續地穩定上揚。個股的股價總會有漲有跌，但以這個移動平均線的順序和傾斜來看，就可研判它會持續保持在上漲格局。

明白這個概念之後，討論起來就方便了。

我們要鎖定移動平均線從其他排列方式轉為「10＞30＞50」這個完美漲勢排列之際，或是原本就呈現這個排列順序，但一度可能洗牌，最後又恢復原狀的當下，下單買進。

RULE

33 用移動平均線的「傾斜角度」，判斷趨勢的強弱變化

如果我們不只觀察移動平均線的排列順序，還懂得關注它的傾斜狀況，就能從中看出趨勢的強弱與變化。

次頁的上、下兩張圖，都是東麗（TORAY）公司的日K線。在上圖「A」點和下圖「B」點之後，移動平均線都變成了「5日線＞10日線＞30日線＞50日線」，漲勢顯著，是股市新手也能輕鬆進場做多的大好時機。

不過，請留意移動平均線在這兩個點之後的傾斜狀態。在上圖當中，移動平均線雖然和下圖一樣都是向上傾斜，但**過程中的角度卻出現急劇變化**。

這是因為股價踩油門急拉，而週期越短的移動平均線，越會受到股價波動的牽引、不斷上揚。於是移動平均線的上揚角度，就會比先前更陡，**短期和長期移**

漲勢穩定時的買、賣點

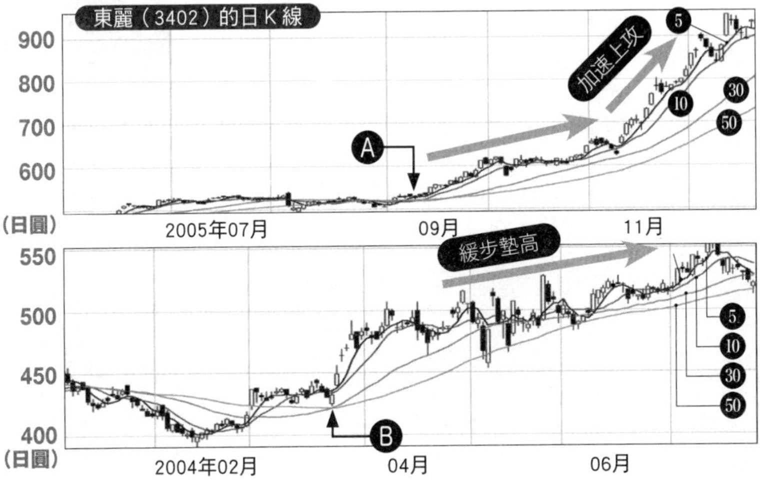

動平均線的間隔擴大，這就是股價確實進入飆漲模式的訊號。

至於下方的線圖，儘管「5日線＞10日線＞30日線＞50日線」的漲勢均線排列沒有被打亂，但相較於上圖，其傾斜角度較為和緩，所以股價漲勢也比上圖溫和。

因此，只要我們聚焦觀察移動平均線的傾斜狀況，以及長期、短期移動平均線的間隔，就能靈敏地察覺趨勢的強弱、加速上攻或是後繼無力，以及它的持續或反轉。

RULE

34 善用50日線的「上揚」、「下探」和「走向」

在相場式投資心法當中，會運用到「5日線、10日線、30日線、50日線」。而在這些均線當中，只要我們聚焦關注**週期最長的50日線**，就可以跟上大方向的趨勢，進行高度穩定的操作。

次頁這張圖，呈現了「樂敦製藥」約七個月的股價波動。這段期間它從跌勢反轉向上，進而大漲。圖表左側是一段持續的跌勢，此時移動平均線的排列順序，大致上是「50日線＞30日線＞10日線＞5日線」。在①的盤面上，股價（K線）曾一度站上50日線，可惜後來又被倒貨；到了「②」、「③」時，股價再次跨過50日線，無奈後來又拉回。

觀察這段期間50日線的傾斜狀況，可看出它一直都是在往下探。這表示呈現

用50日線的傾斜角度與股價位置，掌握股價發展趨勢

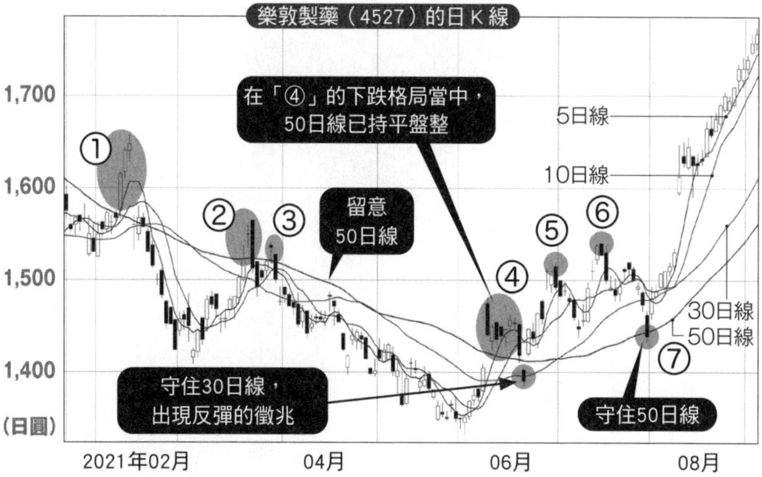

中、長期股價的50日平均值持續走跌，只有近期的股價上漲。因此，在這種時候，我們最好要有「即使股價暫時走揚，還是很有可能再拉回」的思維。

若再繼續追蹤股價的發展，就會發現它在標示「④」的地方，再度突破50日線。此時50日線仍向下發展，但在這之後，股價就守住30日線的價位。

這一連串的波動非常重要——因為當股價像這樣止跌時，**50日線就很有機會從向下發展轉為持平盤整**。其實只要動腦想一想就知道：既然股價已開始盤整，不再跌跌不休，那麼平均值就不會

再往下跌。

此後，股價在「⑤」、「⑥」創下波段新高，然後再次拉回。不過接著就在「⑦」守住了50日線，未再跌破，並自此反轉上攻。

股價在50日線上推移越久，近期的50日股價平均值，就會步步墊高，超越既往，所以**到頭來50日線也會轉為上揚**。

而在「⑦」止跌的股價，後來持續飆漲，帶動所有移動平均線向上，展開一波傾斜角度陡峭的漲勢。

在各種移動平均線當中，50日線的反應最遲鈍，需要**很長的時間**，才能讓它從向下發展轉為持平盤整，進而再上揚。不過，只要變動遲鈍的50日線開始向上，之後股價長期持續上漲的機率，就會跟著升高。

這裡所探討「**用50日線研判個股是否正式進入漲勢**」的方法，並非僅適用於解讀「樂敦製藥」這檔股票，而是包括日股、全球股市、期貨和外匯在內，各種金融市場交易皆可通用的手法。當您在做宏觀的投資判斷時，一定要特別留意**價**

格是在50日線之上，或是在50日線下方推移，並觀察50日線本身的傾斜是向上或向下，再研擬合適的買、賣策略。

35 研判到「100日線」，才能晉升實力派

RULE

在線圖上呈現出**週期比50日線更長的100日線**，觀察股價和週期較短的移動平均線相對於100日線的波動，就能從更宏觀的觀點進行投資操作。如果您追求的，是非常安全穩健的投資，那麼使用100日線，或許會減少一些買賣操作的機會，但建議您不妨也試著操作看看。

那麼，100日線要觀察什麼呢？最重要的還是傾斜狀況。如果100日線明確地向下，股價卻逆勢向上時，您就可以將它視為是「恐怕遲早會回檔」的個股。既然是「遲早」，當然就不會知道是明天，還是三個星期之後了。

倘若１００日線向下，但10日線、30日線、50日線都向上揚，投資人往往就會認定個股的「上升力道強勁」，而這種地方說不定就是陷阱。**此時要請您特別留意10至50日線是在１００日線上方，還是在１００日線的下方波動**。

來看一個具體的例子。次頁的這張圖，是「豐田汽車」約兩年半的日K線。

圖中的①、②、⑤這幾個時間點，雖然股價或多或少都在上漲，但**股價位在１００日線下方，而１００日線本身也在往下探**。就這樣的盤面看來，我們會認為「漲勢不會持久」。此時若要買進，建議要盡量縮短持有期間，盡早獲利了結。

而③、⑦、⑧這種**股價在１００日線以上，１００日線本身也轉為上揚**，呈現多頭格局的情況下，我們就會研判「有機會賺到大波段行情」。

至於「④」的下跌格局，則是從波段高點回跌到１００日線附近，經過一段盤整拉鋸後，開始下跌並擯破１００日線，因此我們就會預測個股「恐怕會大跌」。

觀察「股價是在 100 日線上方還是下方」

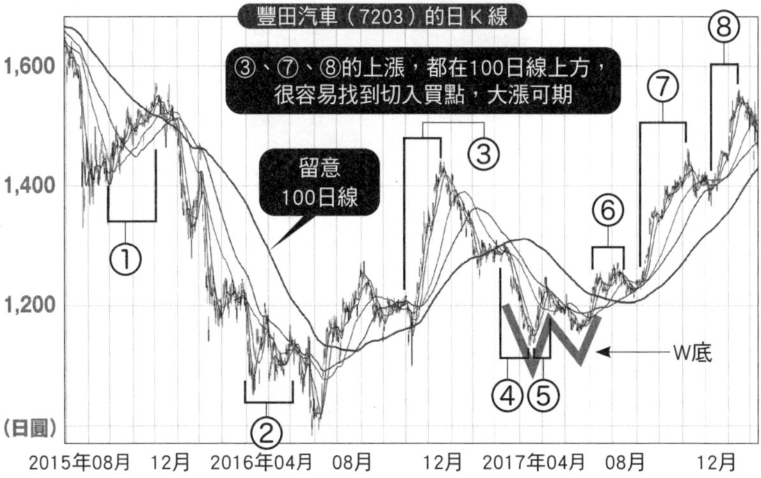

「⑥」的盤整拉鋸，則是在形成一個大W底之後，**股價隨即由下往上穿越100日線的格局**。受到W底築底完成的影響，30日線和50日線也都跟著翻揚，但股價就是遲遲無法進入一段完整的漲勢。如果在這種情況下進場，就會覺得很難操作、提心吊膽——此時這就是100日線上場的時機了。當我們確認100日線的傾斜狀況，已從向下轉趨持平盤整時，就可期待「漲勢說不定還會加速」。實際上，個股股價經過「⑥」的盤整期，到了「⑦」開始轉入飆漲格局，形成標準的漲勢，100日線也跟著反彈向上。

即使只看5日線、10日線、30日線和50日線，也能靠趨勢戰勝股海。不過，有時難免還是要在震盪的價格波動當中，被迫做出判斷。此時，只要在線圖上加入「100日線」這條週期較長的均線，就能只鎖定像③、⑦、⑧這種**趨勢鮮明**、**容易獲利**的情況，學會如何從中買賣獲利。

也就是說，我們可從中學會更宏觀的趨勢判斷。

RULE 36 用「想像力」搶賺上漲行情

相場式投資的思維，是「**一切都從結果開始反推**」。先看答案，然後學習問題的解方，再以這一套解方為基礎，面對未知的問題。

那麼，究竟要在什麼時候才能靠買股票賺到錢呢？

答案是要在所有移動平均線都向上揚，且K線氣勢強勁地上漲時。

至於該如何走到這個「結果」呢？請您試著從結果反推看看。當所有移動平均線都向上，且排列順序為「5日線＞10日線＞30日線＞50日線」時，就是進場買股能大賺的最佳狀況。因此，若能在**進入最佳狀況的「前一刻」敲進買單，就能賺進豐厚獲利**。

任何事都一樣，只要能確實掌握它的「完整型態」，那麼搶在它發展完整前上車，是最有效率、也最有甜頭的操作。有時我們光看K線，覺得個股在漲，但只要偶爾拉回下跌或持平盤整，就讓人提心吊膽、胡思亂想。要培養出能幫助我們正確研判股價後續走勢的想像力，最好的捷徑，就是先學會只檢視移動平均線，洞悉K線價格波動的本質。

37 投資股票，從容以對就能成功

RULE

那些「自稱很行」，敢說「再怎麼樣的難題，我都能解開」的人，似乎總是會把簡單的問題想得很困難、很複雜。例如個股的移動平均線排列順序，明明已呈現「5日線∨10日線∨30日線∨50日線」的完美漲勢，這些人卻還扭曲地認為「不不不，不知道哪一天會爆發金融危機或核戰，引發股市崩盤」。

其實真正的重點，在於要懂得**跟隨移動平均線所呈現的趨勢操作**——因為避免站在趨勢的對立面，把事情想得簡單、輕鬆一點，更容易成功。

日本人最喜歡刻苦耐勞、努力奮鬥，這些特質的確可以說是日本人的美德。不過，投資股票完全是另一回事。結論要明確，還要能簡單明瞭地掌握價格波動的趨勢，最後就能成功獲利。

RULE

38 股價的一生就是一首「五重奏」，還要妥善運用「收盤價線」

在K線的陽線和陰線上，開盤價和收盤價的位置相反，還有許多上影線和下影線，不容易判讀個股究竟是漲還是跌，也很難把它們運用到得心應手的地步。因此，這裡我想推薦給股市新手的工具，不是K線，而是**只用每日收盤價相連而成的「收盤價線」**來操作。K線傳達了許多複雜的價格波動訊息，收盤價線都予以排除，讓我們可以純粹只用收盤價的曲線，來追蹤價格波動的變化。

比方說，當先前一路走跌的股價開始反彈時，收盤價線和5日線、10日線之間，會出現什麼樣的變化呢？在次頁的這張圖當中，我將它們的一連串變化，拆解成階段①到⑤來呈現。首先，股價反彈起漲時，最初一定會看到原本走勢向下的收盤價線，出現V形轉折，朝不同於以往的相反方向發展（①）；接著，收盤

用「收盤價線」和「移動平均線」看懂股價變化

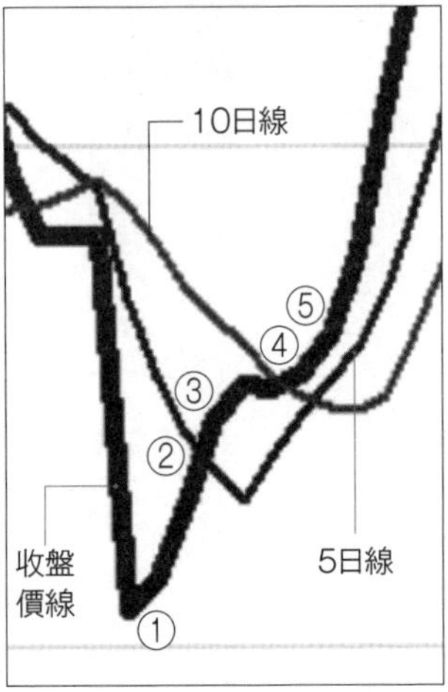

相場式．股價五階段變化

股價從下探狀態
到反彈向上的過程

①收盤價線反轉向上
②收盤價線朝5日線靠攏
③收盤價線跨過5日線
④收盤價線攻克10日線
⑤收盤價線突破10日線

價線會朝5日線靠攏（②）；然後收盤價線還會進一步跨過5日線，繼續上攻（③）。到了這個階段，我們就可以合理懷疑「趨勢差不多要變了吧」，甚至還可以試探性地買進。再來，如果收盤價線向上攻克10日線（④），還出現突破10日線的波動（⑤），就代表股價已經完成反彈。正因為圖上只留下收盤價線和移動平均線，是一張很簡潔的線圖，所以才能讓我們在個股股價剛開始出現反彈跡象時，就察覺它的變化。而這五個階段，就是股價的「五重奏」。建議您不妨試著傾聽它的旋律。

39 運用「收盤價線」，掌握觸底反彈時機

RULE

在移動平均線圖上顯示「收盤價線」，並用它來進行買賣判斷時，就要用收盤價線和5日線之間的位置關係，來判斷股價的趨勢。次頁的這張圖，呈現了收盤價線、5日線、10日線、30日線和50日線。收盤價線在圖表左側先上攻，再持平盤整、下探，接著又在一波飆漲後下跌，並於圖表右側的最後反彈上漲。

讓我們借助收盤價線的力量，來預測一下這張線圖上沒有呈現的「未來」走勢：收盤價線在「①」這個點上反彈轉折，成為近期反彈上攻的起漲點。之後走勢會怎麼發展呢？在「①」出現轉折之後，第二階段會發生的，就是開始**上攻的收盤價線，會向上方的5日線靠攏**（②）。

接著，第三階段則是收盤價線跨越5日線，持續上漲（③）。若股價攻克更

用「收盤價線」觀察股價向上突破的過程

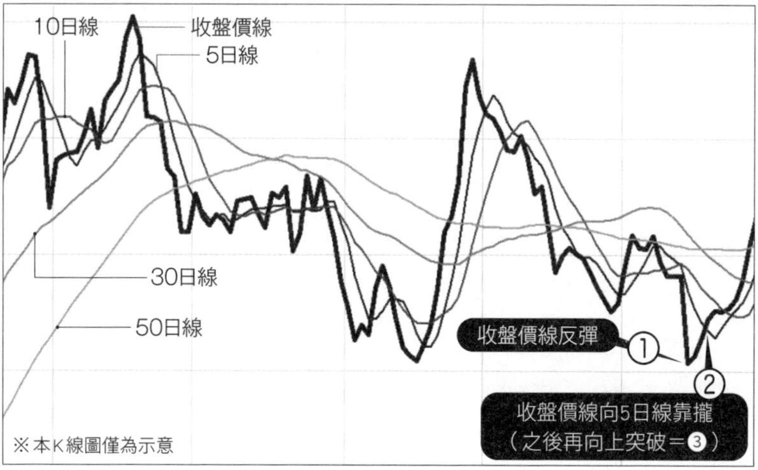

上方的10日線，就是進入第四階段；要是再突破10日線，那就是第五階段。隨著走勢循各階段分期發展，我們就可以越來越確定個股的股價已在走揚。尤其如果發展到第五階段，恐怕就連股市新手都會懂得開始懷疑「走勢差不多要改變了吧」。

不過如果換成是我，就會在收盤價線向5日線靠攏的「②」上，評估「這裡應該可以買進了吧」，即使是敲進少量買單，看看情況也無妨。

股市新手或許要再等到**第五階段**，**也就是收盤價線突破10日線**時再進場，會比較放心。在均線圖上顯示收盤價線，我們就可以循各階段分期發展，找出觸底反彈的時機。「收盤價線」就是一套工具，幫助我們把股價觸底後爭取獲利所需的視野範圍清理乾淨。

RULE 40

把收盤價線的「巴爾坦」和「反巴爾坦」訊號運用到淋漓盡致！

接下來要介紹的，是在相場式投資心法當中，在使用「收盤價線」時，我都會希望您搭配使用的買賣訊號——「**巴爾坦**」和「**反巴爾坦**」。

年輕朋友或許不太清楚，不過如果是昭和年代出生的讀者，想必應該可以會心一笑吧！

因為這個買賣訊號的名稱，靈感是來自「超人力霸王」（Ultraman）當中出現的一個頭上長了兩隻角、威力驚人的知名外星人——巴爾坦星人。

請看第次頁的走勢圖。當收盤價線在行情的頂部區附近，形成一個**上攻↓下探↓上攻↓下探的「M」字**，也就是像巴爾坦星人頭上那兩隻角的形狀時，之後行情就會反轉下跌——「巴爾坦」就此成形。

既然股價在這個過程中有漲有跌，那麼「巴爾坦」當然也會有反向版本。當收盤價線在個股行情**底部形成一個下探↓上攻↓下探↓上攻的「倒M」字**，形成兩隻倒過來的角時，後續行情就會反彈上攻，而「反巴爾坦」也就此成形。

「巴爾坦」意味著多頭行情走到強弩之末，雖然兩度挑戰波段高點，最後都被賣壓拉回，再怎麼漲都只能漲到同一個價格區間，接著就原地踏步的狀態。

事實上，「巴爾坦」和K線的知名線型「雙重頂」（Double Top）形狀相同，但我們觀察的，不是K線的上影線等指標，而是以「收盤價」為基礎，清楚確認到股價上攻無力，原地踏步，這一點很令人放心。再者，由於收盤價線是一條簡潔的線，故可迅速、明確地從中找出兩隻角，這也是它的優點。

用「巴爾坦」找出頂部區、「反巴爾坦」找出底部區

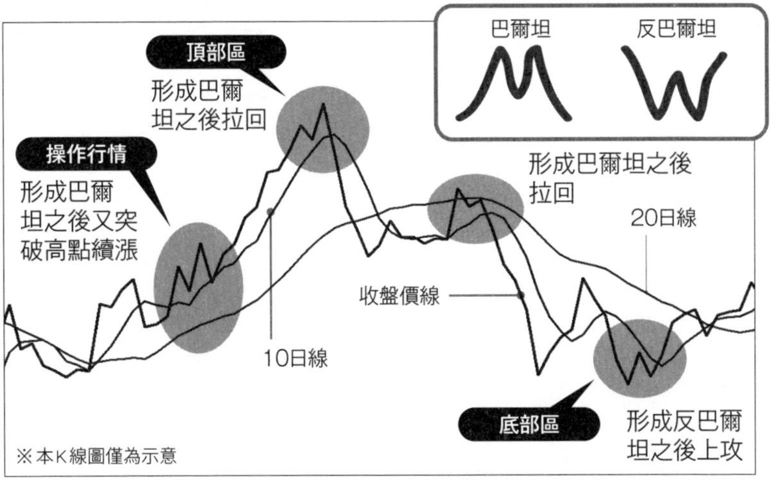

「反巴爾坦」往往是在股價跌勢告一段落，築底完成並轉進漲勢時會登場的反彈訊號。它和K線的「雙重底」線型相同，但光看收盤價線，會比觀察K線的排列組合更簡單明確。

「巴爾坦」和「反巴爾坦」是**趨勢轉換的前兆**，當趨勢已後繼無力、無法繼續單向式地發展時，才會出現，堪稱是非常寶貴的訊號。

而當趨勢開始顯現之初，在「巴爾坦」出現之後，股價又再上攻，甚至突破「兩隻角」所呈現的波段高點等加速上攻的案例，也很容易發生。當「巴爾

坦」成形後，股價又再突破波段高點的話，就可視為漲勢加速的明確訊號——這也是一種正確的運用方式。

究竟趨勢是已經後繼無力，或是還很生猛有力、後勢可期呢？這兩個判斷天差地遠，而有沒有認清這個事實，也會改變您的投資操作。

「巴爾坦」和「反巴爾坦」，是相當方便好用的趨勢反轉、加速訊號，建議您在實務上也要試著把它們運用得淋漓盡致。

第3章

相場式

股價操作精準命中的定律

RULE 41

把線圖上的高、低點隨時放在心上

在預測股價時，除了K線和移動平均線這兩項必備的工具之外，「**過往的高、低點**」也非常重要。只要看到線圖，一定要檢視距離目前股價最近的「**前波（近期）高點、低點**」。此外，建議您不妨再稍微往前回溯，留意「**史上最高點、史上最低點**」的價位。

股價會反覆漲跌，但若整體股價行情要維持在漲勢，就必須讓這些高低起伏的「高峰」，也就是「前波高點」持續創新高才行。即使是在上漲過程中拉回修正，但不跌破高低起伏的「低谷」，也就是前波的低點，之後再反彈上攻，這一點至關重要。

請看看次頁這張圖中的「①飛越高點」。如果個股是像這樣，股價不斷創新

前波高點、低點與買賣時機

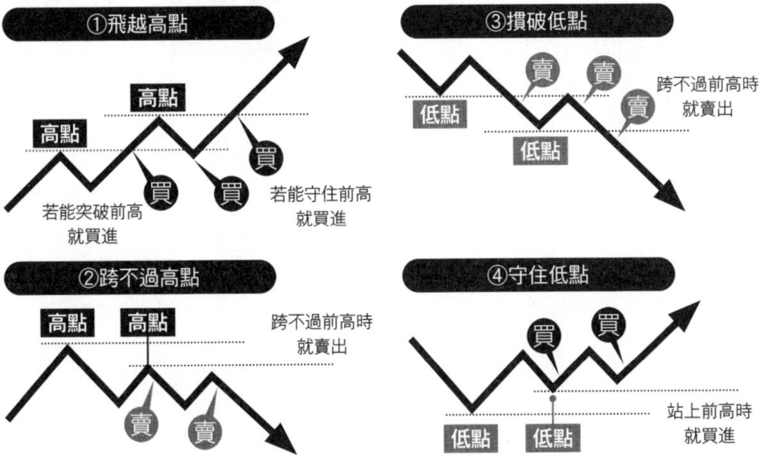

高，那麼在**突破前波高點，或在前波高點止跌反彈時，就是我們敲進買單的時機**——因為股價創新高，正是幫助我們買低賣高，進而從中獲利的一股原動力。

至於「②跨不過高點」的情況，則是代表個股的漲勢不夠強勁，故可判斷應賣出持股。當個股處於跌勢時，除了「②」的走勢之外，還會持續出現像「③摜破低點」這樣，跌破前波低點的發展，或是**在前波低點一度反彈上揚後，又再度拉回的波動。**在股價出現摜**破前低，或無法收復前低的情況時，就**

是我們融券放空的時機。反之，「④守住低點」則是一種「下方有撐」的走勢。如果在股價持續下探後出現「④」，那麼個股反轉向上的機率就會提升。

42 觀察5日線的高、低點，預估明天的股價

RULE

當我們不只是觀察K線——也就是股價本身的高、低點，同時又懂得關注移動平均線的高、低點時，交易操作和買賣判斷就會更精準。

而在這些均線當中，5日線尤其值得關注。因為它很容易隨著股價的上下波動，反覆出現如心電圖般的劇烈震盪。

我們可以這樣判斷：

「5日線在上攻過程中，會一步步製造出『前波低點』。只要後續股價不要跌破這些低點（**即使看似快要跌破，也會反彈**），就代表漲勢強勁。」

5日線的高點（低點）下探，就代表進入跌勢

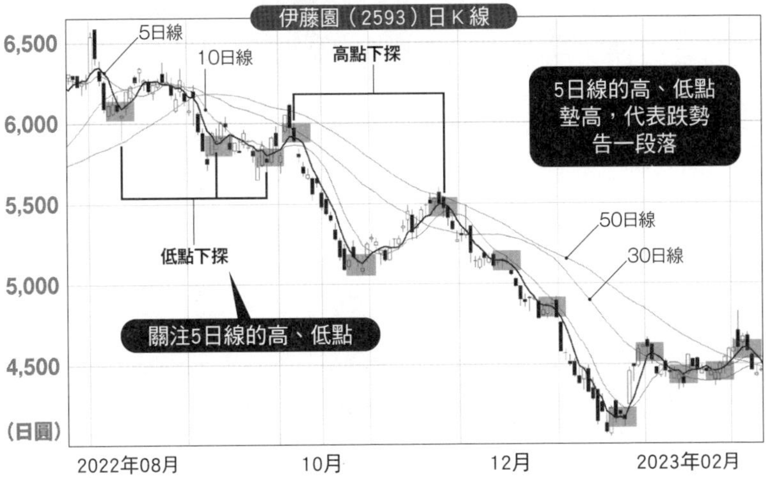

「5日線在下探過程中，會一步步跌破『前波高點』。只要後續股價沒有站回這些高點（**即使看似快要收復前高，也會拉回**），就代表跌勢強勁。」

比方說，像上方這張圖，股價從盤整到正式進入跌勢的過程中，會頻頻出現跨不過5日線上的前低，導致**低點下探**，以及站不上前波高點，導致**高點下修**的情況。

因為進入跌勢的條件，不只是股價下跌，就連股價的5日平均值——即5日均線的價位水準，也會較過去逐步走低。

反之，若股價要轉入漲勢，則5日線必須守住前波低點，讓低點逐步墊高，而高點必須飛越前波高點才行。

建議您不妨這樣判斷：當5日線的高點和低點逐步墊高，就代表漲勢強勁；逐步下探，就代表跌勢強勁。

RULE 43

「挑戰前高失敗」就是反轉向下的前奏

當股價無法改寫前波的高、低點時，就會帶動趨勢反轉，所以這是一個我希望您務必要關注的重點。在相場式投資心法當中，我們將「雖然股價朝突破前波高點一路攀升，卻站不上高點或相近價格區間，漲勢漸趨疲軟」的狀況，命名為「**挑戰失敗**」，並視為是**股價從頂部區轉入跌勢的前兆訊號**。

次頁這張圖，是「清水建設」的日K線。其股價先是持續了一段漲勢之後，

股價無法突破前高，之後便加速下跌的案例

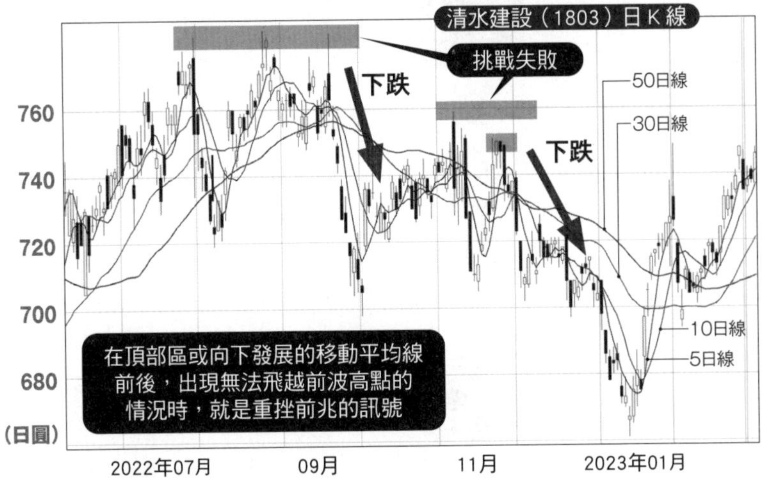

曾三度觸及同一個高點區，但三次都挑戰失敗」，留下了上影線。在這之後，股價便開始走跌。三度挑戰失敗，股價走跌後，雖曾有過反彈行情，但後來又兩度挑戰失敗，接著便重挫大跌。

只要我們隨時留意「挑戰失敗」這個訊號，就能趁這種**漲勢末期轉入跌勢之初，提早進場做空**，藉此賺得可觀的獲利。

「挑戰失敗」的股價走勢，也會帶動一些強烈暗示股價將在高價區拉回的線型形成，例如兩度觸及高點又拉回的「雙重頂」，以及三度觸及高點又拉回

的「三重頂」等。

當漲勢持續好一段時間，股價在高點區附近略顯盤整趨勢時，我們就要先預期會有兩種走勢出現——朝前波高點發展，以及攻高無力、挑戰失敗的走勢，並仔細觀察股價的波動。

當挑戰失敗時，我們要懂得鎖定接下來股價崩跌的瞬間，預做融券放空的準備，或者也可以在看到挑戰失敗後，立即試探性地賣出部分持股。

RULE 44 對股價的重要關卡保持警覺心

牽動股價的原動力，是投資人的心理。而人類的心理，會因為曾經發生過的事而大受影響。以往的股價高點，是多方曾認為「這檔個股值得買進」才進場，結果股價卻未再上漲，導致投資人虧損擴大、災情慘重的價格區間；而看在空方眼中，股價高點上刻劃著他們的成功經驗，是他們曾認為「已經不會再漲」，便開始放空個股、最後獲利出場的價格區間。

換言之，這種波段高點，對多、空雙方而言都有回憶，因此會成為**日後大幅影響股價波動的「關卡」**。

同樣的，人類往往會特別在意整數。在眾多價位當中，100、500、**或1000圓這種「整數價位」**，是投資人很容易關注的重要關卡。或許您會覺得「什麼？就只因為它是整數？」我會說「沒錯！」因為事情就是這麼出人意料的簡單。

當一檔個股的股價勢如破竹地連漲好幾天，來到100、500，或1000圓這種整數價位時，漲勢就會很神奇地熄火，轉為盤整甚至下跌——這在股市是家常便飯。

所謂的股價，並不是根據公司的業績成長率或配息金額，而自動訂定出來的價格。說穿了，它只是人類非常草率地用「股價這樣應該合理吧」的**「粗略估**

算」所訂定出來的。倘若對個股信心堅定的投資人多，大家都認為「不不不，後續還會再漲」，那麼股價就會展現出超乎公司實力的漲幅；如果對個股信心薄弱的投資人多，而且眾人都覺得「不不不，後續還會再跌」，那麼有時股價就會崩跌得令人瞠目結舌。

股票和超市裡賣的生鮮蔬菜不同，有標價和沒標價差不多，所以投資人都會非常在意整數價位，進而在**深層心理層面對股價波動造成影響**。

過往的高、低點和整數價位，都堪稱是多空交戰的最前線。到了這個階段，股價究竟能否飛越關卡，是多空雙方勢力消長的「攻防區」，因此，懂得隨時留意線圖上的價位關卡在哪裡，這一點至關重要。

儘管有些價位是投資人完全不會留意的關卡，不過，當股價一口氣跨越或摜破既往高、低點和整數股價時，應該就可以研判股價波動的力道相當強勁。

RULE

45 牢記大盤指數的重要關卡

股價在整數關卡神奇地熄火或止跌的趨勢，在日本最具代表性的股價指數——日經平均股價指數當中，也非常顯著。如次頁的線圖所示，觀察日經平均股價指數在過去十年間的變動，也會發現一些尾數切齊的整數價位，例如**1萬5千點、2萬點、2萬5千點和3萬點**等，都成了阻擋股價上攻的高牆，或是止跌的防線。我們也可以看出：只要股價突破這些關卡，不論是漲勢或是跌勢，都會因此而更強勁。

2022年4月起，**2萬6千點發揮了強大的力量，成了力阻跌勢的支撐區**。只要股價跌到這個價位附近，就會反彈上漲，屢試不爽。

次頁這兩張圖，雖未完整反映所有細節，但可看出自2023年3月起，股

日經平均股價指數的重要關卡

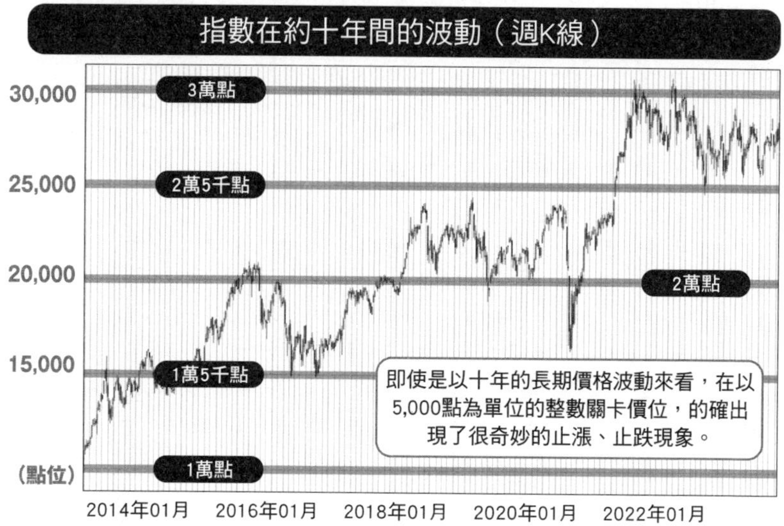
指數在約十年間的波動（週K線）
30,000
25,000
20,000
15,000
(點位)
3萬點
2萬5千點
2萬點
1萬5千點
1萬點
即使是以十年的長期價格波動來看，在以5,000點為單位的整數關卡價位，的確出現了很奇妙的止漲、止跌現象。
2014年01月
2016年01月
2018年01月
2020年01月
2022年01月

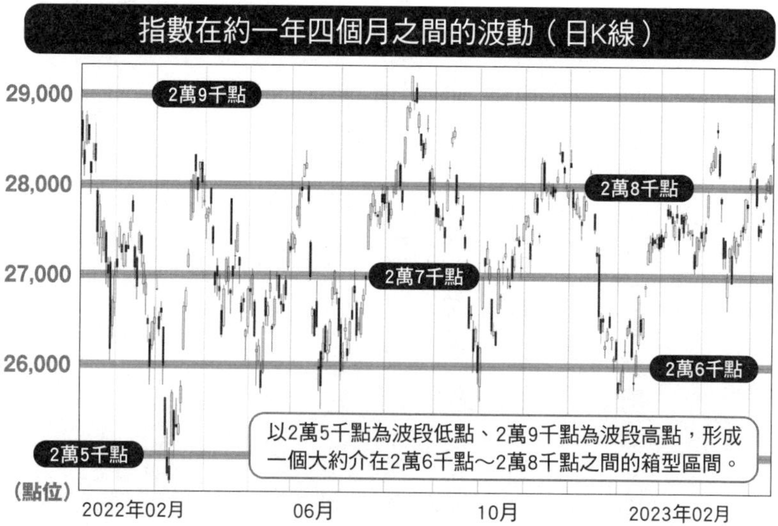
指數在約一年四個月之間的波動（日K線）
29,000
28,000
27,000
26,000
(點位)
2萬9千點
2萬8千點
2萬7千點
2萬6千點
2萬5千點
以2萬5千點為波段低點、2萬9千點為波段高點，形成一個大約介在2萬6千點～2萬8千點之間的箱型區間。
2022年02月
06月
10月
2023年02月

價就以2萬7千點為底，進行攻防。到了4月中旬確實突破2萬8千點之後，飆升速度就更快了。後來甚至突破3萬點大關，輕鬆改寫了日本泡沫經濟以來的新高價！

RULE 46 思考「前波高、低點」與「投資人口袋深度」的關係

為什麼股價不會一路上揚或走貶，而是會上下震盪呢？因為當股價上漲時，早就買進的投資人，就會在這時敲進賣單、獲利了結。而這些賣壓，會將股價往下拉回；反之，只要股價下跌，原本融券放空的投資人就會為了獲利了結，而買進回補，成為推升股價的重要因素。股價並不是機械式地漲跌，而是受到**投資人獲利了結或停損**（在賣出前已做好虧損的心理準備）**的影響**。

前波高點和低點，為什麼會變成股價波動的關卡呢？只要從投資人的「口袋

深度」這個觀點來思考，就能立刻了然於心。

在既往高點價位買進股票的投資人，只要個股無法向上突破，投資人就只能停損，或是繼續抱著已經虧損的股票。

假設後續股價漲勢再起，來到既往高點的價位附近。那些在既往高點買進後套牢、遲遲無法停損的投資人，當然會因為持股的未實現虧損縮小，而打算在此賣出持股。

換言之，到了既往的高點附近，先前買進後就套在高點的**投資人賣壓**，就會開始出籠。既然知道在既往高點附近會湧現這樣的賣壓，當然就會有很多投資人選擇在高點附近加碼融券放空，使得既往高點成為更加牢不可破的壓力區。

另一方面，倘若個股持續上漲，一舉突破了既往高點，過去已無（或少有）其他投資人買在更高價位，賣壓消失（變小），股價就會變得比較容易點火上攻。因此，「能否超越既往高點」對股價表現所造成的差異，其實是直接關係到投資人的口袋深度。

既往低點也是一樣。融券放空的投資人在低點回補，以及「想在撿便宜價位買進」的投資人，造成了**買壓**，使得個股往往會在既往低點附近反彈。不過，萬一股價跌破了既往低點，那些以為能撿到便宜而進場買股的投資人停損，以及新一波的放空，就更容易加速股價一路向下。

RULE

47 要對股價的「止漲、止跌」做出反應

我們要養成一個習慣，就是在看到線圖時，先找出過去的高點和低點。

「**一個過去曾出現多次高點的價格區間（壓力區），容易成為日後阻礙股價上漲的高牆**。不過，只要能突破既往的高價區，個股就很容易加速點火上漲。」

「**一個過去曾出現多次低點的價格區間（支撐區），容易成為日後阻擋股價下跌的軟墊**。不過，萬一跌破了既往的低價區，個股就很容易加速下跌。」

過去的高、低點，很容易成為股價漲跌的關卡

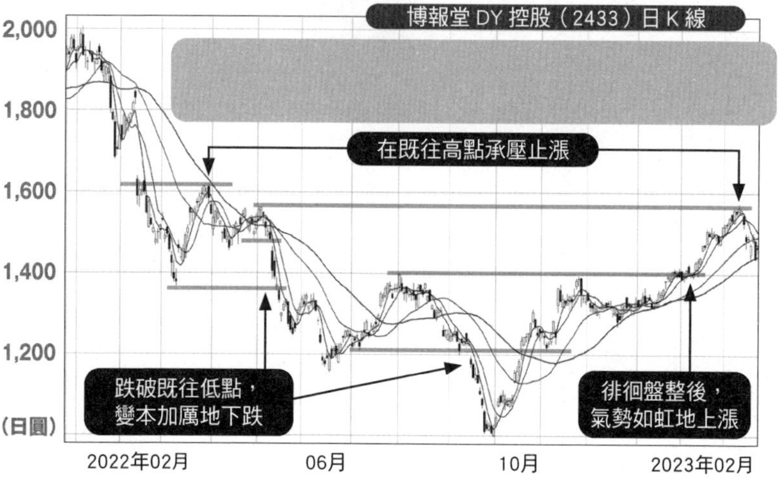

在過去曾出現多次高點的壓力區附近，如果K線和移動平均線的上揚放緩，就是代表股價即將拉回的強烈訊號，所以是我們進場放空、一決勝負的好機會。

倘若股價氣勢如虹，一舉突破原本經常形成止漲的既往高點區，那麼這個以往被認為是壓力區的價格區間，很有可搖身一變，成為股價起漲的跳台，故應考慮買進一搏。倘若股價在以往屢次止跌的低價區呈現築底走勢，就是買進良機；反之，如果跌破既往低點，就是放空良機。

右頁這張圖是「博報堂ＤＹ控股」的日Ｋ線。在圖表左側的一波跌勢當中，股價在既往高點區承壓，上漲受阻，於是跌勢便在跌破既往低點後變本加厲。之後，在走勢反轉向上的過程中，股價曾一度在既往高點附近徘徊，而就在突破盤整區之後，便開始加速上攻。在圖表中段，股價就是受到近一年前那一波跌勢中形成的高點阻擋而走跌。可見既往高、低點的確很容易形成長期影響股價的關卡。

RULE 48

牢記股價變動的基本知識

如前所述，所謂的「股價」，是股票在二次元空間中出現的價格變動，照理說應該只有「上漲、下跌和持平」這三種動向。觀察一檔持續上漲的個股時，應該要抱持「來到這個關卡的話，應該就會盤整一段時間了吧」、「說不定碰到歷史

股價是以「上漲、持平、下跌」的形式發展

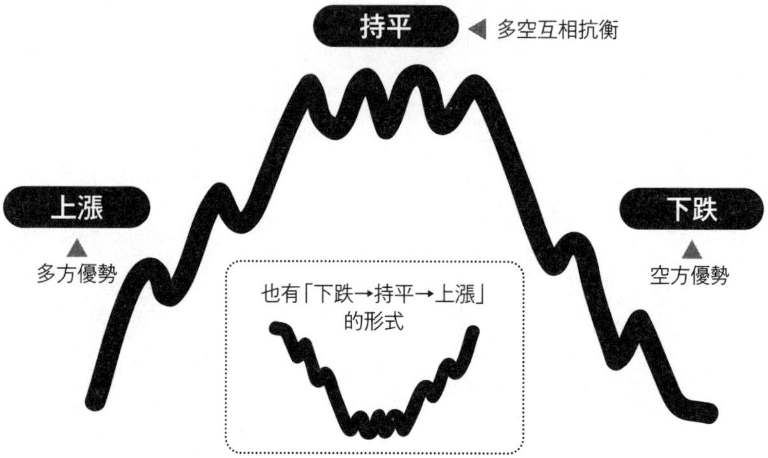

高點時，就會拉回修正了」等心態。我們要懂得隨時思考下一步的下一步、以後的以後才行。

我將股價動向的基本型態，用極度簡化的方式，呈現如上圖所示——它們會形成**「上漲↓持平↓下跌」或是「下跌↓持平↓上漲」的梯形**。

若以市場盤勢來看，在多方優勢、空方劣勢的情況下，盤面會持續呈現上漲格局，直到空方與多方能相互抗衡，股價才會轉趨持平。之後，如果盤面轉為空方優勢、多方劣勢時，股價就會轉趨下跌。

即使是一檔已經長期走揚的個股，在一路上攻的過程中，也會頻頻出現「上漲→持平」的走勢；有時也會在持平之後，短暫地微幅下跌。換言之，持續走在漲勢的個股，會以反覆出現「**大漲→持平→微跌→大漲**」的形式，一路走揚。

持續走在跌勢的個股，則會以反覆出現「**大跌→持平→微漲→大跌**」的形式，一路下探。也就是說，我們可以這樣想：所有股價的走勢變化，都是從「上漲→持平→下跌」這個基本型態，變化發展出來的。

RULE 49

巧妙運用「多」、「空」兩手布局

如果我們只會老實地買進做多，那麼能獲利的，就只有「上漲、下跌和持平」這三種格局當中的「上漲」這一段而已。

如果在下跌格局中也能獲利，賺錢機會就能多出1倍。正因如此，在相場式投資心法當中，我們**還會巧妙運用信用交易來做融券放空**，以確保一個「在股票下跌時也能獲利」的方法。

只要到證券公司開設信用交易帳戶，就能進行融券放空。融券交易的起點，就是把從證券公司借來的股票，放到市場上賣出。等到股價跌到比賣出當下更低時，再低價買回，就能賺到**「（融券賣出時的股價－回補時的股價）×股數」的獲利**。

若能將融券放空操作到得心應手的地步，以後就不需要每天早上祈禱「我的股票，漲吧！漲吧！」——因為只要趁在個股看似要開始下跌時操作放空，那麼後續股價跌得越深，我們就越能大發利市。

信用交易和現貨交易一樣，在日本的主要網路券商（ＳＢＩ證券、樂天證券、摩乃科斯證券、松井證券、au kabucom證券）交易，手續費等成本都較為優惠，推薦給您參考。在這些平台上，我們可使用電腦或智慧型手機，輕鬆完成交易。

RULE

50 理解「空方」更容易賺錢的原因

股票和食品、日用品不同，它並不是生活必需品，你也不能在買股之後，就一直將之長抱到進棺材。說穿了，人會買股票，是為了要趁它上漲之後賣出，藉此賺錢。**買了股票的人，總有一天會賣掉**。當然也有人還沒賣出持股就上了天堂，以致於必須找人繼承。

由於股票並不是生活必需品，因此有意買進股票的人，通常不太會突然暴增。尤其是大型權值股的股價，都是因為多方逐漸增加，才使得股價持續地緩步墊高。

在這段過程當中，有些人固然會因為覺得「既然股價漲了，也有獲利，不如就先賣掉吧」而獲利了結，但這些賣單都是一點一滴地釋出，所以**股價多半是反**

覆緩步墊高又下跌，並且慢慢地推移發展。

另一方面，當投資人面臨「股價下跌機率飆升」的情況時，又會如何反應呢？

持有股票的投資人，心態會轉變成「再抱下去說不定會虧本」，完全失去繼續持股的理由，於是就會打算出清持股，留下現金。

換言之，當市場湧現賣單時，原本已經買了股票的人，很可能都會想盡辦法出清持股。如此一來，市場就會陷入恐慌。因此，這時**股價往往就會像是大力摜破底部似的暴跌**。

暴跌重挫比飆漲急拉的情況更常見，代表融券放空較能在短時間內賺到大幅價差。我的身家有一半以上都是用放空累積出來的，因為我在體感上可以感覺得到，暴跌重挫就是比較常見。

股價下跌的速度，會比上漲時更急更猛——只要能切身體會這件事，大家應該都會想挑戰一下融券操作。

開設完融券用的信用交易帳戶之後，我們要先以自有資金存入一筆「委託保證金」，之後就可以最高約3.3倍[1]的資金槓桿，進行「融資」和「融券放空」操作。不過，當我們用槓桿所做的信用交易，虧損達到一定金額時，就必須再追繳一些保證金到帳戶。

新手還是先別用槓桿，好好練習現貨交易吧！

信用交易又可分為兩種：「標準信用交易」（Standardized Margin Transaction）和「議借信用交易」（Negotiable Margin Transaction）。可用「**標準信用交易**」放空操作的個股，就是所謂的「**借貸標的證券**」。在相場式投資心法當中，我們列為投資標的的JPX400和日經平均股價指數，其成分股幾乎都是可以自由融券放空的個股。

1 編注：台灣約為1.1倍。

51 熟悉股價一年四季的「波段」

RULE

儘管股價是以「上漲↓持平↓下跌」這個基本型態為主軸，推移發展，但在它變動的過程中，我希望您特別留意一件事，那就是「時間」。

股票的價格走勢，有它在季節上、時間上的循環週期，例如會在1月起漲，3月來到高點，接著到夏天之前又會走跌等。

股價剛開始起漲時，通常第一個月都還在摸索；過了兩、三個月之後，許多投資人才會開始留意到「這一波漲勢是真的」，個股點火上漲的氣勢也已加足柴火；到了第四、五個月，許多新進投資人都是抱持「只要買了這檔股票就能輕鬆賺大錢」的「跟風心態」進場買股。不過，由於在第一到第三個月買進的投資人會在此時獲利了結，股價波動的幅度開始加劇，容易出現反覆震盪的走勢。

「波段」＝時間上的週期

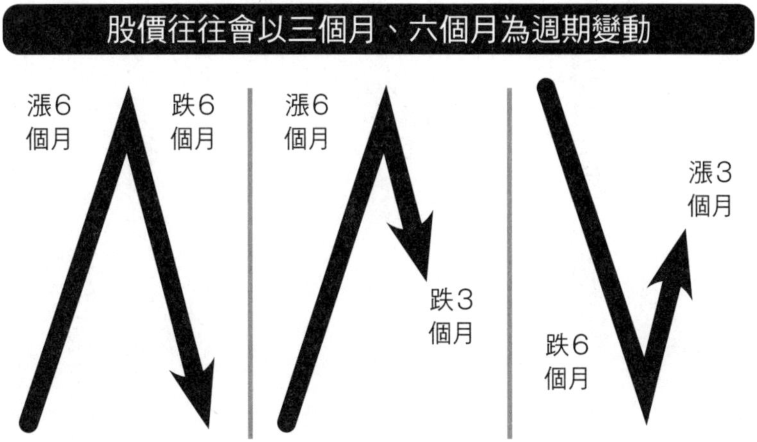

到了約莫第六個月時，晚了一步才上車的投資人，製造出最後一波買盤，股價也因而被推升到最高點。然而，這時投資人揣測「究竟什麼時候會開始下跌」的心理戰開打，股價也呈現膠著狀態。當許多投資人都認為「股價已經漲不上去了」，便會選擇獲利了結或拋售持股，於是這一波的上漲行情就會到此告一段落。

在股市當中，股價會時漲時跌，當趨勢開始朝某一個方向發展的天數或期間，我們稱之為「波段」。經過一定程度的天數，股價的漲勢或跌勢放緩時，我們稱之為「波段調節」。在相場式投資心法當中，特別重視「三個月」和「六個月」這兩個容易發生波段調節的週期。因為根據日股「標準信用交易」的規定，投資人有時間限制，必須在六個月內反方向買賣，結清持有的部位（又稱倉位），而此舉也會對波段造成影響。

如前頁的圖表所示，股價往往會以「漲六個月、跌六個月」、「漲六個月、跌三個月」的週期變動。

買賣股票時，建議您務必確認目前的價格走勢，究竟是在股價「時間框架」中的哪一個位置。

RULE 52

擬訂具「波段」概念的買賣策略

在了解股價是以三個月、六個月為週期變動之後，再回頭檢視線圖，或許您就會發現：有些地方的確是如此，但很多地方看起來令人百思不解，甚至完全不符合這一套邏輯。

然而，我們在看待這些股價波動的週期時，若能把它們當作**進場布局時機的參考值**，而不是像物理定律那樣要求「絕對正確」，將有助於大幅提升它們的效用。

第141頁是「MIXI」的K線圖，它是一家以手機遊戲和社群網站為主力業務的企業。它在2020年6月15日觸及低點1620圓後，便觸底反彈。自6月起往後數的第五個月，也就是10月8日時，股價已爬升近2倍。就收盤價而言，它已經來到3080圓的價位。

在這個過程中，它的的移動平均線幾乎都維持在「5日線＞10日線＞30日線＞50日線」，持續發展完美的漲勢排列。期間5日線觸及或跌破10日線的次數，只有三次。

而它的5日線之所以會觸及或跌破10日線，是因為早期買進MIXI股票的投資人，選擇在這些價位獲利了結的緣故。因為在月K線上，可以看到MIXI的股價在2017年6月時，曾站上7300圓大關。

既然已經連漲了五個月，後續究竟會不會突然崩跌，其實誰都說不準。不過，「三個月」、「六個月」的週期循環，就很能在這種時候的買賣判斷派上用場。

此時已經漲了五個月，如果我們知道「六個月週期」的概念，想必應該就會盡量避免再加碼買進。反之，由於股價也已來到3000圓的整數關卡，恐怕有些較早買進的人，會選擇在此獲利了結。仔細想想，這時即使出現一波中型的下跌，似乎也不奇怪。由於沒有確切的證據斷定會跌，所以投資人會興起一種「先試著在這裡掛賣單看看吧」的念頭。

因此，就在收盤價來到3080圓之後，我們就先試著敲進空單。接著股價一如預期，在小幅拉回之後又繼續上漲。於是我們在第六個月的高點3290圓（11月9日）出現後，第二度敲進空單，正式加入空方。實際上，MIXI的股

擬訂結合「六個月波段」概念的交易策略

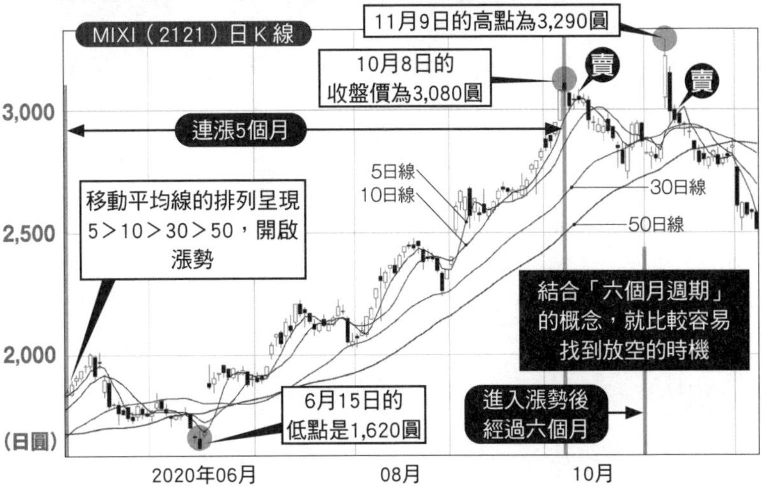

價的確在起漲六個月後開始走跌拉回。從當初起漲的6月，到了第七個月，也就是12月時，移動平均線已呈現「50日線＞30日線＞10日線＞5日線」，即轉為跌勢的排列型態。

當然有些個股能在起漲六個月之後，又再大幅彈升；也有些個股是在小漲之後，就如我們預期的回跌。不過，只要記住**六個月週期論，也就是「持續上漲六個月的個股，很有可能因為投資人獲利了結而走跌」**，應該就比較容易察覺適合布局賣出的時機。

53 運用「9、17、23」的定律，找到出手機會

RULE

股價瞬息萬變、前途難測。而在相場式投資心法當中很受歡迎的一套「**9的定律**」，堪稱是為我們照亮黑暗的寶貴智慧。這個定律的核心概念，在於「股價的漲與跌，期間都有限」。而它的背景因素，則是投資人的獲利了結行為──當股價上漲時，在低價買進的人就會賣出；當股價下跌時，在高價放空的人就會回補。只要手中的持股有獲利，短線投資人抱股很少超過9天。因此，我發現很多時候，**不論是連漲或連跌，只要連拉九根相同K線，漲勢或跌勢就會暫時收斂**，進入下一個發展階段。

而在實際操盤時，「**17的定律**」也會同樣頻繁地出現。還有，再怎麼強勢的連漲、連跌或多半都會在連拉23根相同K線後，達到極限。而股票的多空操作，

都應該在這時出清脫手，所以我又補充了一個「**23的定律**」。9、17、23這幾個看似不上不下的數字，其實是經過我長年的研究，才精算出來的數字。

在這些定律當中，是以開始漲或跌的起點K線，來當作第一根K線（不是我們自己進場買、賣那天的K線）。上漲時只要出現連續紅K線，下跌時只要連續出現黑K線，就可視為「第二根、第三根……」，並且一路數下去。即使在連續黑K的過程中出現紅K，除非這根紅K的收盤價，異常地比前一根K線的開盤價高出一大截，或是連續跨越5日線，否則還是可以依照「第二根、第三根……」的順序，繼續數下去。

第145頁的圖表，是「森永製菓」的日K線。當中的「9的定律」、「17的定律」和「23的定律」，我已分別標示出了它們的第一天和最後一天。

在反覆上下波動的股價走勢當中，到處都能看到9根黑K後跌勢稍歇，或是跌勢及漲勢在17根K線後告一段落，甚至是最後以23根K線走完一整波漲勢或跌勢的情況。

我並不是說「9的定律」、「17的定律」和「23的定律」一定百分之百準確，甚至在過程中出現一、兩根K線不符定律的情況，都很常見。不過，只要數一數K線數量，就能找到**可供參考的走勢轉折點**，您不覺得這個方法很方便嗎？畢竟我們眼前可是瞬息萬變、前途難測的股價呀！

「9的定律」、「17的定律」和「23的定律」的優點，就是不論我們要攻或要守，都可自由運用它們。

在守勢方面，當我們持有多單或空單時，這些定律可用來判斷「獲利能放大到什麼地步」。

至於在攻勢方面，當我們要找尋多單或空單的布局時機之際，這些定律也能派上用場。

比方說，假如個股的K線連拉9天之後，接著出現了一根大黑K，一口氣跌破5日線的話，我們就可以把「9的定律成形」，當作是另一個判斷根據，進場放空一搏。若能**搭配**〈第4章〉要探討的**「相場式買賣訊號」一併使用**，就能將

運用「9、17、23」定律，作為上漲、下跌期間的參考依據

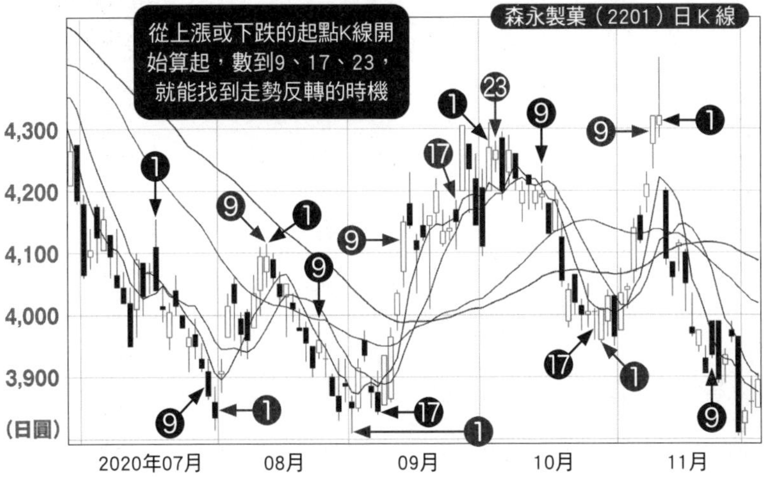

它那最高等級的實用性發揮到極致。

如果可以，請您務必要確認第9、第17根K線附近的價格變動，是否與「整數價位」或重要的「高點、低點」重疊。還要檢視移動平均線的傾斜走向，看看漲勢或跌勢是否放緩。倘若在第9、17或第23根K線的關卡上，還有諸如此類的其他訊號亮起，那麼出清手上部位，或開啟新一波買賣的成功機率就會上升。

「差不多是時候了吧？」的心理準備，會照亮黑暗。其實這就是「9的定律」、「17的定律」和「23的定律」。

54 在週線上也要活用「9、17、23」的定律

RULE

在「9的定律」、「17的定律」和「23的定律」當中，如何正確地找出一根可作為起點的K線，非常重要。如果是找起漲點，就要從「**起漲前，收盤價曾觸及最低點的那根K線**」起算；如果是找起跌點，就要從「**收盤價曾觸及最高點的那根K線**」起算。這些定律不管是套用在週K或月K，幾乎每個時間週期都適用。

次頁這張圖，是「龜甲萬」的週K線。我們計算一下K線的數量，就可以發現在Ⓐ的修正格局，是在持續9根週K線後結束；而Ⓑ的點火上攻格局，則是在持續17根週K線後告終；之後進入Ⓒ的修正格局，則是在持續8根週K線後落幕。而最後的飆漲走勢，也是在持續8根週K線後結束。盤面上出現了一個完整的雙重頂之後，轉趨走跌，接著Ⓓ的跌勢，則是在第9根黑K出現後，出現一波

週線也適用「9、17、23」的案例

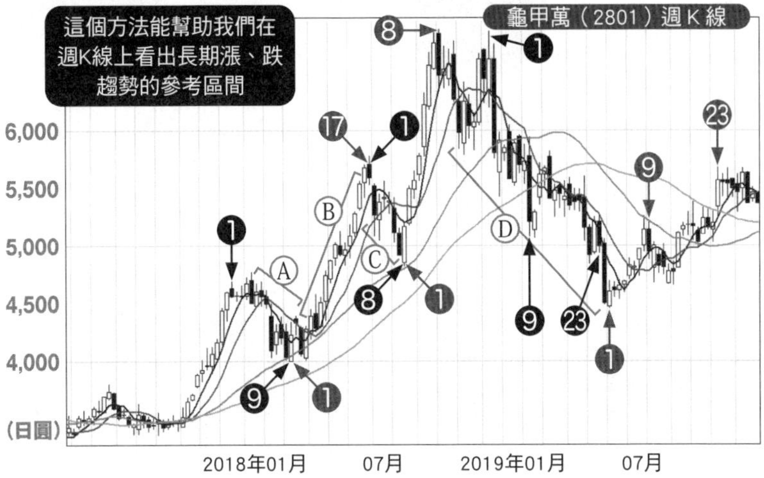

反彈。而為整波跌勢劃下句點的大黑K，計算到它的前一根黑K為止，剛好是23根K線。之後翻轉上攻，直到進入短暫修正為止，則是持續了9根K線的走勢……整個盤面就像這樣，幾乎都是依照我們所說的定律在波動。

其中固然也有一些漲、跌勢在第8根K線就畫下句點、未持續達9根K線的案例，但作為一個**掌握股價長期走勢的定律**而言，我認為它是一套無可挑剔的工具。

一根週K或月K線所代表的週期，遠比日K線長。因此，只要進場時機沒

錯，就可以運用這一套定律，長期持續地放大獲利。

「9的定律」、「17的定律」和「23的定律」終究只是一個買賣判斷的基礎根據。實際的買賣操作，還是要以線型分析——而且是奠基在「K線和移動平均線的動向、既往的高點和低點，以及整數關卡股價」之上的分析為主軸來進行。再搭配運用「六個月週期」等波段規則，以及「9的定律」等工具，投資才會更精準。

55 把「大波段行情」的結構，烙印在腦海裡

RULE

股價大幅上漲或下跌的格局，我們稱之為「大波段行情」。

「早知道那時候我就先買了！」——能否在這種人人都會後悔「千金難買早知道」的大波段行情中，快狠準地大賺一筆，堪稱是左右投資生涯成功與否的關

鍵。

這裡就讓我來傳授您幾個找出大波段行情的訣竅——解讀過往的線圖，把稱得上是大波段行情的上漲形式、型態和結構，盡可能地多烙印在腦海裡，是首要之務。

過去，我曾多次在大波段行情中成功獲利。因此，就由我來告訴您，大波段行情及其上漲模式的四大特徵——它們幾乎可以說是從本書先前介紹過的那些「定律」當中，精選出來的明星陣容：

- **大概會漲六個月。**
- **移動平均線清楚地排列成「5日線＞10日線＞30日線＞50日線」。**
- **幾乎都不是一路直線上漲。**
- **在大波段行情當中會反覆微幅漲跌，但下跌天數會比上漲天數少。**

讓我們來看一個實際的案例。

次頁的這張圖，是啤酒大廠「麒麟控股公司」的日K線。2022年4月到9月，它的股價從1700多圓漲到2300多圓，出現了一次小規模的大波段行情。

仔細觀察當時的情況，會發現圖中從Ⓐ到Ⓑ的上漲天數為19天，Ⓑ的修正格局為4天。整個大波段行情的上漲格局，持續得比剛才介紹的「17的定律」還要久，修正格局的期間，則比「9的定律」短。

而在股價持續上漲的過程中，移動平均線清楚地呈現「5日線＞10日線＞30日線＞50日線」的排列，尤其10日線和30日線、30日線和50日線之間的間隔持續大幅拉開，特色鮮明。

從Ⓐ到Ⓓ總共歷經了四次修正格局，股價才來到頂部區。特別是從Ⓒ到Ⓓ之間的漲幅已開始縮小，可看出股價漲勢已漸露疲態。

接著到了Ⓔ區，整體股價走勢已停止上漲，反覆出現一下漲、一下跌的情

大波段行情的典型結構

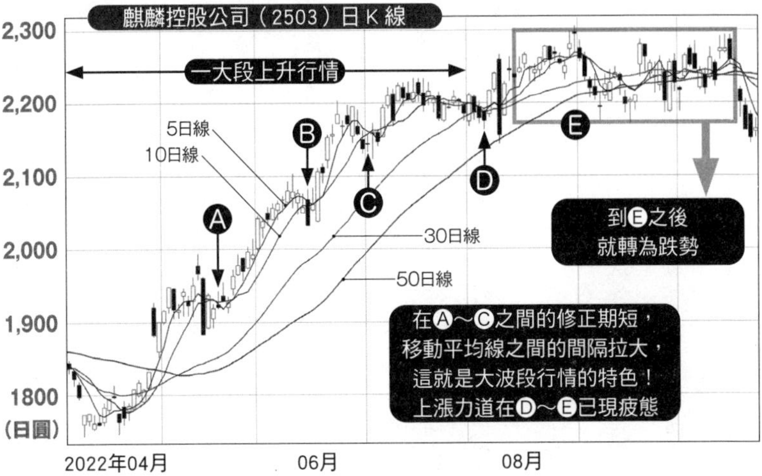

況，不再續創新高，移動平均線彼此之間的間隔也已縮小，走勢更從上攻轉為持平盤整，彼此糾結交纏。進入這種狀況，代表可稱為「大波段行情」的狀態已經落幕。Ⓔ的持平盤整行情持續了將近三個月，之後便轉入了跌勢。

請各位先好好記住這個上漲形式。想必您已經很明白，留意「移動平均線排列穩定呈現5日線＞10日線＞30日線＞50日線時，就可放大獲利」、「修正期比上漲期短時，勿獲利了結」等，是搭上大波段行情，將獲利放大到極限的要訣。

如果像Ⓒ到Ⓓ那樣，「移動平均線排列變得不夠整齊，無法持續向上」、「上漲期變短，且紅、黑K混雜」等，我們就會判斷大波段行情已經逐漸走入尾聲。

只要搭上大波段行情，賺到一筆可觀的獲利，投資人往往會變得很霸氣，很容易進場追高。然而，其實此刻要沉著冷靜，並考量上漲行情可能告一段落。「股票交易」這種事，除非獲利落袋，否則一切都沒有意義。「未實現收益」終究只是紙上富貴，請別忘了為每筆投資畫下完美的句點。

RULE 56 用週K線抓出「大波段行情」的進場時機

在定律55當中，我介紹了一個藏在日K線圖裡的「小規模大波段行情」案例。然而，一段貨真價實的大波段行情，即使是用週K、月K等長期的均線來看，也能從中感覺到「這檔股票的漲勢好猛啊」。

也就是說，**想抓住大波段行情，其實還應該要關注個股的週K線**。如果我們看的是週K線，那麼在堪稱為大波段行情的漲勢啟動前，移動平均線由上而下，應該會整齊地依照「50週線、30週線、10週線、5週線」的順序排列，幾乎可說是屢試不爽。接著，個股會在轉入盤整持平的行情之後觸底，移動平均線糾結交纏，然後再正式轉進漲勢——這種K線走勢，堪稱是很容易衝出大波段行情的型態。

第155頁的這張圖，是「東和藥品」的週K線。它在持續一段跌勢之後，三度觸及不太可能跌破的低點，築起了三重底。隨後，股價便進入了「大波段行情」的漲勢。

此時要請您特別留意的，是K線在挑戰先前「高高在上」的30週線和50週線。

從「東和藥品」的線圖上來看，先是在Ⓐ處站上10週線後又下跌，三度觸底後，接著又因為在Ⓑ處上漲而突破30週線，之後便一路挺進，結果甚至連50週線都輕鬆飛越，形成一波大漲走勢。

不過，並不是每一檔個股都會這麼順利。甚至有些案例是「一度站上30週線，又跌破，接著再重新站回……」等等之類，30週線挑戰了兩、三次之後，才真正轉入漲勢。

不管怎麼樣，股價在30週線上方推移一段時間之後，移動平均線終究還是會演變成一套由上往下依序為「5週線、10週線、30週線、50週線」的完美漲勢排列。週K線的移動平均線排列，並不會每天都出現劇烈變化，但只要一有變動，格局型態就不太容易走樣。

正如次頁這張圖的「Ⓒ」所示，**最後一波跌勢相當輕微，而在這樣的情況下，股價最終往往會反轉大漲**。自Ⓐ起的那段跌勢，我們先做短線的放空，同時布局多方；或在Ⓑ處附近買進試水溫後，再自拉回修正的Ⓒ處起認真買進，也不失為一個方法。

成為投資高手之後，就可以在Ⓑ到Ⓒ的區間買進，同時也反手放空，以便度

從三重底發展成大波段行情的案例

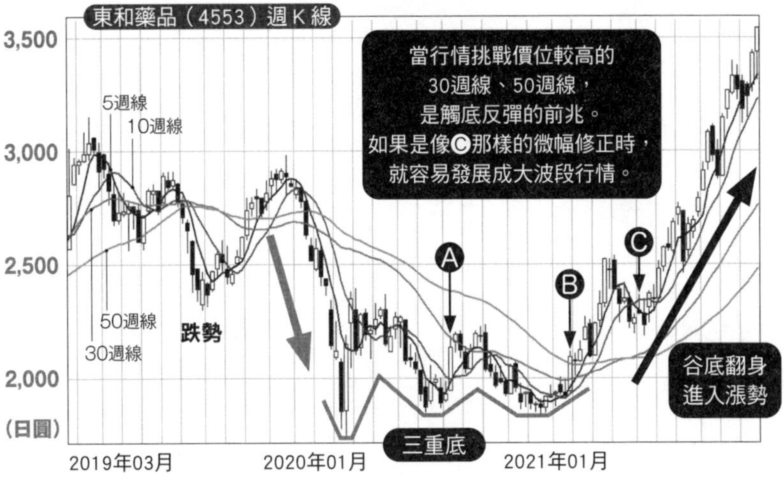

過Ⓒ那一段的跌勢，進而為下一波漲勢做準備。事實上，這裡還可以根據投資人的操盤水準，想出好幾套不同的操盤方案。

只要移動平均線在週K線上整整齊齊地排列妥當，我們就可以勇往直前了。從Ⓒ處到K線圖的最右側，價差高達1200圓以上——這正是在大波段行情中賺錢的醍醐味。想在這種機會中獲利，將日K線和週K線一併搭配檢視，是絕不可省的工夫。

第4章

相場師朗獨創的線圖定律及買賣訊號

RULE

57 把「下半身」當作買進訊號的基本原則

到〈第3章〉為止，我說明了K線、移動平均線、以往的高點和低點、「9的定律」、「17的定律」、「23的定律」等，這些都是波段分析的工具。而在運用這些波段分析的同時，再進行線型分析，這是最基本的基本功。而相場式投資心法的精髓，就是還要再充分運用本章介紹的「相場師朗獨創買賣訊號」，找出具體的買點、賣點。

而在相場式投資心法當中最方便好用的訊號，就是「**下半身**」。

「**當一根紅K線由下往上穿過**持平盤整或轉趨向上**的5日線，且柱體部分有一半以上凸出於5日線上**」，那麼下半身就成形了。

至於為什麼我會把它命名為「下半身」呢？這一點就任憑各位自行想像。

「下半身」是股價加速上攻的啟動訊號

下半身 加速上攻的訊號➡買進

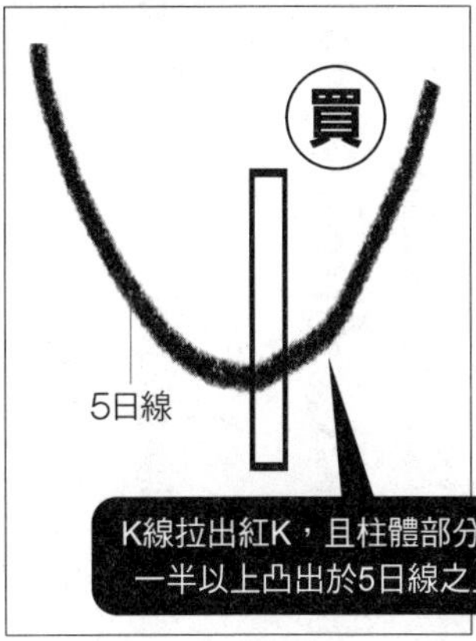
買
5日線
K線拉出紅K，且柱體部分有
一半以上凸出於5日線之上

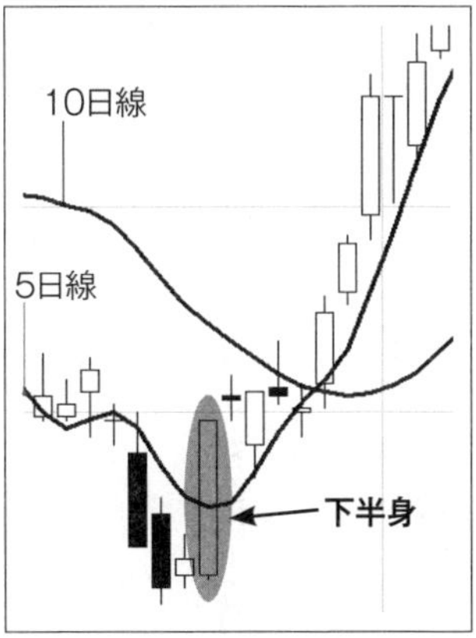
10日線
5日線
下半身

※本K線圖僅為示意

總之，當K線氣勢如虹地（**最好是大紅K**）跨越近5日收盤價的平均值，呈現反轉上攻的初期股價走勢——這就是下半身。只要在下半身訊號亮起時買進，就能從一開始就搭上個股剛翻轉上攻的生猛氣勢，所以很容易獲利。在下半身階段買進上車，只要漲勢延續下去，我們就能賺到相當可觀的價差。

那麼具體而言，究竟該在哪裡進場買股呢？我們可以在K線拉出紅K，且從5日均線下方向上突破，或直接跳空飛越5日線**當天**，**用收盤價**買進即可；也可於後續確認K線仍在5日線之上，並**觀察下一個交易日的開盤價**之後再買進，也是一個方法。後者比較審慎，進場更準確。在下半身出現時買進，並於K線跨越5日線，在5日線上方推移期間持有，**若K線上的收盤價跌破5日線就賣出**。

RULE

58 還要搭配「反下半身」，把它們運用到得心應手的地步

相場式投資心法的特色，就是同一套方法，必須在多空雙方操作時，都能派上用場。因此，「下半身」當然也會有反向的版本。

「**當K線是一根黑K，且由上往下攢破持平盤整或轉趨向下的5日線**」時，一個適合放空的訊號——「**反下半身**」就此成形。

「反下半身」是一個賣出的訊號。當原本在5日線之上的股價，跌破了近5日收盤價的平均值，而且還殺聲隆隆地下跌時，它就會出現。K線（黑K）的柱

出現「反下半身」，就要準備賣股

反下半身 加速下跌的訊號➡賣出

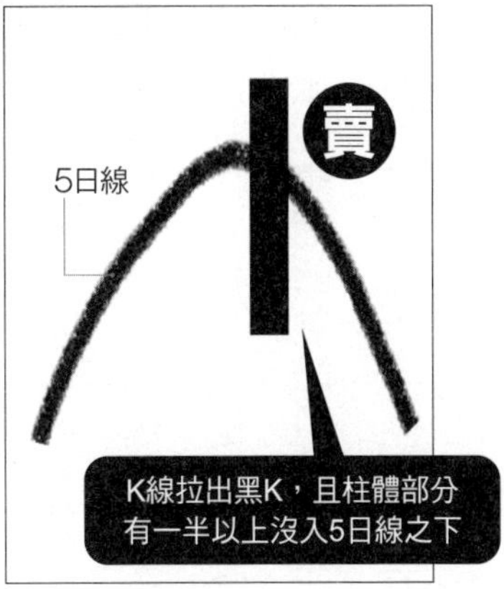

賣
5日線
K線拉出黑K，且柱體部分
有一半以上沒入5日線之下

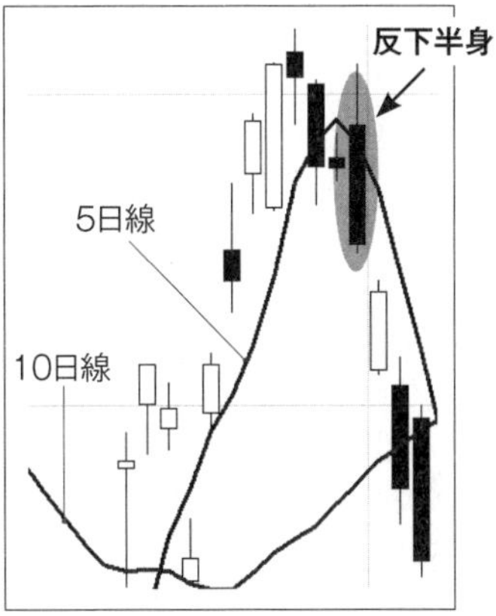

反下半身
5日線
10日線

※本K線圖僅為示意

體部分至少要有一半以上凸出於5日線下方，或收盤價直接跳空失守5日線，否則我們就不會認定此訊號成立。

「反下半身」是為了讓我們搭上個股由漲轉跌的啟動趨勢，搶先布局空單用的工具。不操作放空的人，建議您不妨也把它當作一個下跌的參考訊號。

「下半身」和「反下半身」，代表的都是K線貫穿到5日線另一端的走勢。「5日線」這條移動平均線所呈現的，是在「5天」這個非常短的期間當中，多空勢力的消長狀況。如果K線凸出於5日線上方，就是多方占優勢；如果是凸出於5日線下方，則代表空方占優勢。

也就是說，將「**多空雙方在短期內的勢力結構，因為一根K線而逆轉**」的瞬間化為訊號，就形成了所謂的「下半身」和「反下半身」。不論是什麼樣的股價波動走勢，啟動之初往往都是從K線站上或摜破5日線開始發展，因此是代表日常股價走勢出現**短期轉振點**的基本訊號。

很多奉行相場式投資心法的投資人都說，「光是運用『下半身』和『反下半身』，就讓我賺進了大筆獲利！」

RULE 59 用「下半身」進場，用「K線數量」出場

「**多單要從『下半身』出現時開始布局；空單要從『反下半身』出現時開始進場**」這一套規則，是相場式投資心法的基本形式。就個股股價的走勢而言，站

上（跌破）5日線其實就像是一個「錨點」，可以說是啟動新一波走勢的前兆訊號。

若要搶先搭上這個前兆訊號的順風車，從頭到尾完整地將新一波走勢化為獲利，就要懂得找出充滿動感的「下半身」和「反下半身」。如此一來，我們就很有機會能靠價差獲利。

在「下半身」或「反下半身」訊號出現時，敲進買單或賣單之後，如果股價順利地朝預期方向發展，那麼我們就要用**進場（實際買進日，或放空賣出日）後的天數，來決定何時出場（獲利了結日）**。

這時我們要使用的定律，是在定律53當中解說過的「9的定律」、「17的定律」和「23的定律」。不管股價是漲或是跌，在進場後的第9天或第17天，最晚在第23天時，無論當天K線是紅還是黑，建議您都要先平倉結清。

如果在訊號出現後，股價並沒有依照預期的方向發展，建議股市新手先停損（認賠出場）。有些投資高手，會啟動信用交易當中的**資券對鎖**，調節手中多、空部位的數量與平衡，來度過這段時期。不過，本書要先略過這個部份不談。

倘若我們在「下半身」出現時買進，之後股價卻立刻跌破5日線，或是在「反下半身」出現後，股價隨即又跨越5日線，那麼我們就要將**當初的進場訊號，解讀為「假訊號」**，快刀斬亂麻地處分該檔個股的部位。尤其是那些經常出現的訊號，停損更是要趁早——這正是在股海中追求整體獲利的要訣。

在「下半身」出現時進場買股，如果順利上漲，獲利就會增加，之後再於「反下半身」出現時獲利了結——即使是採取這種單純的戰法，只要勤於趁早停損，也能在股市中贏得一定程度的成功。若能把**「下半身」和「反下半身」運用得淋漓盡致，一年獲利千萬日圓絕對不是夢**。或許這就是「下半身」和「反下半身」訊號的優勢所在，同時也可以說是它的陷阱——因為最單純的戰法，也會碰到不如預期的複雜格局。想在股海中一生持盈保泰，關鍵在於要懂得在這種時候善用巧思，並搭配運用其他訊號，以便從中獲利。

RULE

60 善用「鳥嘴」，不放過任何趨勢轉換機會

相場式投資心法當中談的訊號，都是我相場師朗本人，從實際操盤投資股票超過四十年的經驗當中，所發現的超級獨門絕活。

運用這些訊號的主要目的，是為了要趁最新價格走勢還新鮮生猛之際，及早掌握走勢「啟動的第一步」。因為我希望大家都能抓到鮮嫩Q彈的大魚——不，是個股才對。

「下半身」和「反下半身」其實就是結合K線和5日線，所催生出的一個新鮮訊號。而重要性僅次於這兩者的訊號，就是用時間軸較長的**5日線和10日線，交織而成的趨勢轉換啟動訊號——「鳥嘴」**。

「如果有一條走勢向上的5日線，跨越了一條位在它的上方、走勢上漲的10

日線，形成一個帶著銳角的『鳥嘴』的話，那就是一個明確的趨勢轉換訊號，代表個股即將進入漲勢，應該買進。」

「如果有一條走勢向下的5日線，摜破了一條位在它的下方、走勢下跌的10日線，形成一個帶著銳角的『反（方向）鳥嘴』的話，那就是一個明確的趨勢轉換訊號，代表個股即將進入跌勢，應該賣出。」

我在次頁的圖上畫出了「鳥嘴」的線型。一條走勢向上的5日線，向上跨越了走勢向上的10日線，那就是「鳥嘴」；一條走勢向下的5日線，向下摜破走勢向下的10日線，那就是「反鳥嘴」。換言之，**在「鳥嘴」這一套工具當中，5日線和10日線的走向，至關重要**。

5日線要能由下往上，以銳角跨越走勢已經向上的10日線，形成一個「鳥嘴」，那麼股價必須先出現較大的跌幅，讓5日線下探到10日線下方深處之後，再迅速V形反轉，反彈向上。這個趨勢轉換，啟動時的漲勢會非常強勁，所以之後持續上漲的機率也會升高。

出現「鳥嘴」或「反鳥嘴」，就是趨勢加速或轉換的前奏

鳥嘴 加速上漲或趨勢轉換的訊號➡買進

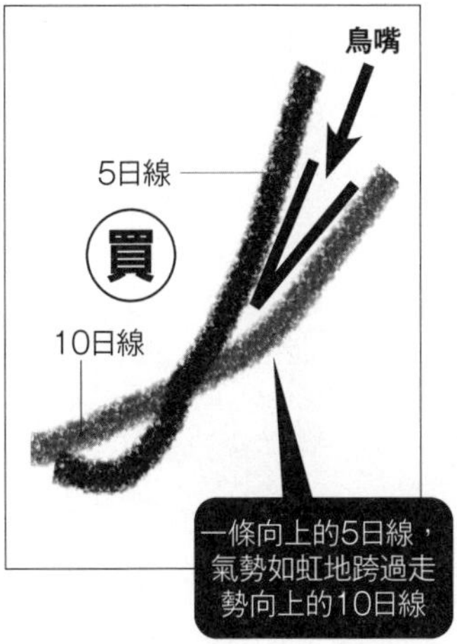

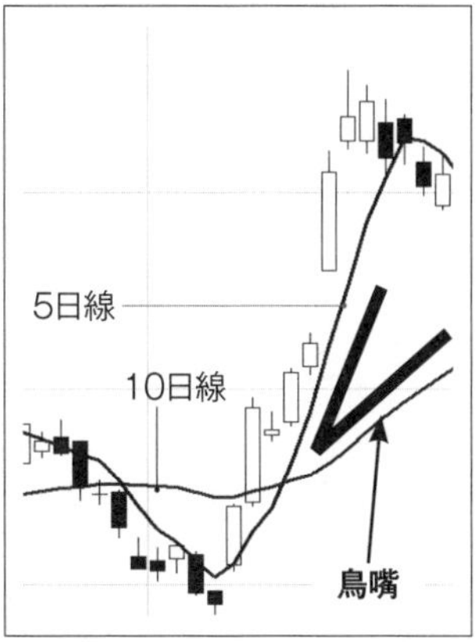

反鳥嘴 加速下跌或趨勢轉換的訊號➡賣出

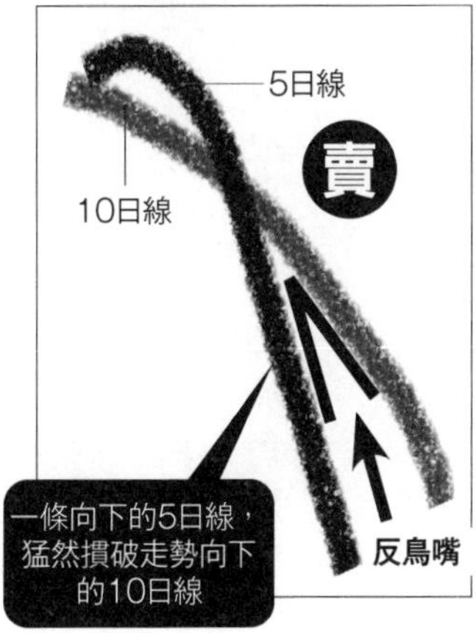

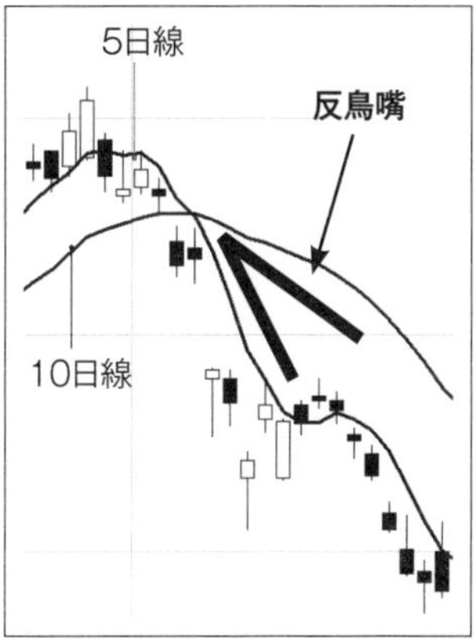

※本K線圖僅為示意

「鳥嘴」和「反鳥嘴」除了會出現在趨勢驟然轉換的時候，也經常出現在漲勢延續中的短暫拉回結束，或跌勢延續中的暫時反彈結束後，原本的趨勢又再加速發展的瞬間。也就是說，它們其實也適用於拉回加碼或反彈減碼的判斷，堪稱是一套全能訊號。我們可以這樣判斷：**「鳥嘴」和「反鳥嘴」的銳角角度越尖銳，股價翻轉的力道就會越強勁。**

RULE 61

別相信「黃金交叉」！

很多人都知道短期移動平均線和中長期移動平均線交叉的概念，也就是所謂的「**黃金交叉**」、「**死亡交叉**」。或許有人會覺得：所謂的「鳥嘴」和「反鳥嘴」，其實不就和黃金交叉、死亡交叉一樣嗎？

不對，兩者並不一樣！

構成「鳥嘴」的絕對必要條件，是**5日線、10日線都向上揚，且兩者的交叉角度呈現銳角**。和純粹的黃金交叉相比，兩者**股價發展的氣勢大不相同**。

10日線（兩條移動平均線當中，週期比較長的那一條）持平盤整或向下時所形成的均線交叉，也可視為黃金交叉。而這樣的黃金交叉有一個缺點，那就是「當訊號成形時，股價早已漲完一波，所以訊號出現後多半會開始下跌」。

而在相場式投資心法當中，我們談的是「先在『下半身』出現時買進，接著在『鳥嘴』出現時買進」、「在『反下半身』出現時買出，接著在『反鳥嘴』出現時賣出」，也就是把**「下半身↓鳥嘴」**、**「反下半身↓反鳥嘴」**當作是趨勢翻轉或加速時，會配套出現的一連串訊號，並洞悉下一步的下一步、未來的未來，藉此布局多方或空方。

相場式投資心法當中的訊號，是為了方便我們在實際操盤時，能盡早進場交易，所開發出來的超實用工具，和那些近乎空談理論的技術分析，其實有很大的不同。

RULE 62

運用「分歧」作為順勢操作的加（減）碼訊號

股市新手對於「撿便宜」總是特別沒有抵抗力，或是很容易「買進正在走跌的個股，賣出正在上漲的持股」，流於逆勢操作。

然而，在投資股票的過程中，隨股價走勢買賣的「順勢投資」，非常重要。一檔吸引了許多「股價越貴越想買」、「崇尚名牌」的投資人蜂擁而至，正處於漲勢的個股，看起來的確會很吸引人；一檔已有許多投資人「股價再低都想賣」，正處於跌勢的個股，拿來放空其實也不錯。請您把追隨當前走勢的「**順勢操作**」（trend following）手法，好好鑽研通透。

個股的股價走勢，取決於移動平均線的排列。當移動平均線的排列順序為「5日線＞10日線＞30日線＞50日線」，呈現完美的漲勢時，就要買進一搏，切莫遲疑。

順勢操作有一個可供參考的訊號。這個宛如「矯正器」的訊號，就是所謂的「**分歧**」。我把簡化過的分歧線型，放在次頁。

「如果5日線位在一條向上的10日線上方，先是下探到逼近10日線的位置，但未觸及10日線，之後就又『分岐』，開始上揚的話，就加碼買進。」

「如果5日線位在一條向下的10日線下方，先是上漲到逼近10日線的位置，但未觸及10日線，之後就又『分岐』，開始下探的話，就要賣出持股。」

這兩者的關鍵，都是「未觸及」，且5日線不能摜破（或跨越）10日線。

當5日線遠離（分歧）10日線的那個瞬間，K線幾乎可說是必定會跨在5日線上，呈現「下半身」或「反下半身」的狀態。搭配這個訊號一併檢視，就能更精準地找出合適的買、賣點。

分歧和「拉回加碼」或「反彈減碼」的概念相似。不過，所謂的「拉回加碼」，多半是當個股的上漲格局出現修正時，在拉黑K的地方買進。而「**分歧**」

「分歧」訊號下的買進與賣出型態

分歧 漲勢

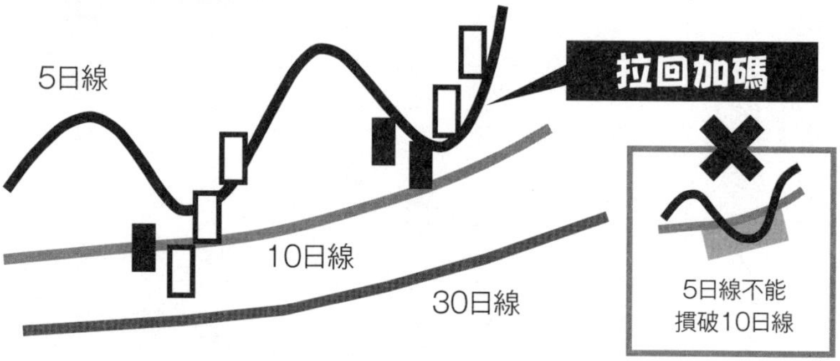

於漲勢仍在持續的過程中，5日線一度下跌到逼近10日線之後再上揚，就是漲勢加速的訊號。

分歧 跌勢

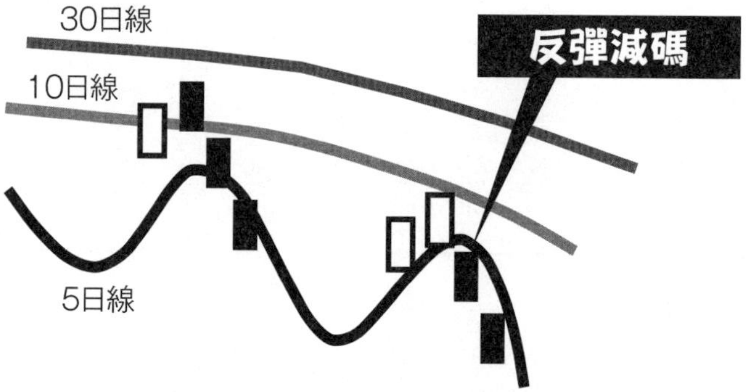

於跌勢仍在持續的過程中，5日線一度上揚到逼近10日線之後再下跌，就是跌勢加速的訊號。

有別於此，**鎖定的是再次出現紅K，漲勢加速上攻的時機**，因此也比拉回加碼更精準。

至於下跌格局的「分歧」，鎖定的就不是紅K，而是等黑K出現，股價再度摜破5日線，跌勢加速下探的時機。

RULE 63 運用「N大」和「反N大」訊號，在大波段行情中大賺一筆

在趨勢轉換之初，股價雖會再往反方向拉回，不過，當進入趨勢準備再度加速發展的啟動階段，會出現的訊號則是「**N大**」和「**反N大**」。

所謂的「N大」，是「5日線由下而上跨越10日線，轉進漲勢後，一度下探到逼近10日線的價位，接著又翻轉向上，加速上漲的訊號」。由於這個訊號出現時，5日線在向上揚的10日線上方，而且波動**走勢就像是在寫一個「N」字**，所

以我便借用了日本某所私立大學[1]的名號，取了這個名字。

至於所謂的「反N大」，則是「5日線摜破10日線，轉進跌勢後，一度反彈回到逼近10日線的價位，但接著又呈現像是在寫一個倒N字的走勢，是一個加速下跌的訊號」。

當這個訊號成形時，多半會伴隨著「下半身」或「反下半身」的出現，所以應該很容易辨認。倘若**出現「下半身→烏嘴」之後，接著又出現「N大」**，那麼相場式投資心法的三大獨創訊號組合，便就此完成了！只要勇敢買進，奮力一搏，成功獲利的機率應該相當高。

當K線出現「N大」或「反N大」訊號時，後續一路發展成大波段行情的機率也相當高，個股將進入一個有利可圖的格局——根據「株塾」學員的驗證結果，後續趨勢轉換的機率，約有75％到近80％。

1 譯注：作者指的是日本大學（Nihon University）。

出現 N 大、反 N 大，趨勢轉換會更加速

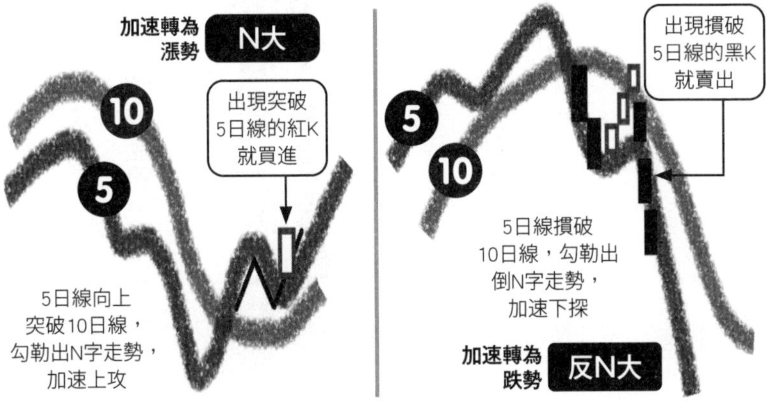
加速轉為漲勢
N大
10
5
出現突破5日線的紅K就買進
5日線向上突破10日線，勾勒出N字走勢，加速上攻
出現摜破5日線的黑K就賣出
5
10
5日線摜破10日線，勾勒出倒N字走勢，加速下探
加速轉為跌勢
反N大

如果從投資人心態的角度，來說明線圖上形成「N大」的原因，就會是這樣的解讀：

「儘管K線或5日線已經由下往上跨越10日線，並朝漲勢方向發展，但因為投資人還在確認個股是否真的會就此一路上漲，所以股價一度回跌。之後，投資人開始認為『應該是沒問題了』，化解了心中的疑慮，於是便**不再遲移，走勢也會加速動起來**。」

正因如此，所以只要「N大」這個訊號成形，後續就很容易發展出大波段行情。

由於「N大」是個股的5日線、10日線皆轉趨上揚後，5日線短暫下探，往10日線靠攏的走勢波動，所以也可算是一種「分歧」。不過，因為**「N大」會出現在趨勢剛轉換過後**，才造就了它強大的威力。

RULE 64 看到「紅色雙重頂」及「紅色雙重底」，就要準備買進或賣出

當一波走勢結束，下一波走勢即將應運而生時，會出現的訊號是「**紅色雙重頂」及「紅色雙重底**」。這是一個聚焦在5日線線型的訊號，不過由於在相場或投資心法當中的彩色線圖，都是用紅色來畫5日線，所以我就為它冠上了「紅色」這個名字。很好記吧？

紅色雙重頂，是指「在持續了很長一段時間的漲勢之後，5日線畫出了一個倒W字型，雖然先漲再跌，接著又再漲，但總會在前波高點拉回走跌，是很疲軟

紅色雙重頂和雙重底，要用 5 日線的線型來判斷

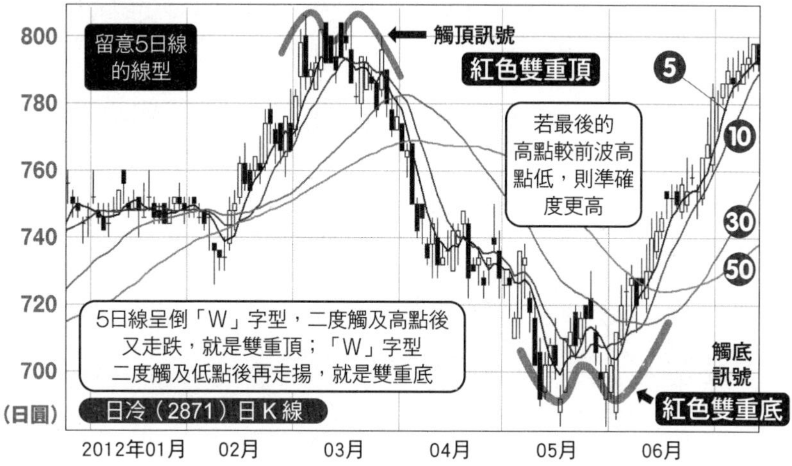

的走勢」。

由於它是一個**宣告「漲勢結束」的訊號**，此時若您手上還有多頭部位，就是一個應盡早出清持股的時機。當然，如果是要**鎖定新一波跌勢來布局空單**，那麼這也會是一個好機會。

反之，紅色雙重底則是「在持續了一段時間的跌勢之後，5日線雖然先跌再漲，接著又再跌，但都沒有跌破前波低點，走勢畫出了W字型後，又再點火上攻，股價已築底完成的走勢」。

它和紅色雙重頂正好相反，請把它當作是「跌勢結束」，和新一波反轉漲

勢正要啟動的訊號。

紅色雙重頂和紅色雙重底，都不是直接判讀K線，而是用比K線變動更緩和一點的5日線，來判斷它是否出現了「W」的形狀，故可把它當作一個精準的交易訊號來運用。

以「雙重頂」而言，儘管5日線會觸及高點兩次，但請您記住：**如果第二次的高點位置低於第一次，就表示氣勢較疲軟**。而氣勢較疲軟，等於較有機會轉進跌勢。

只要留意兩次觸及高點／低點時，兩者之間的高低差，以及當時K線的股價變動，就能準確地找出行情的頂部和底部，趁早搭上趨勢轉換的順風車。

就是因為5日線的週期較短，所以有時或許會與K線糾結，在線圖上較難辨識。這種時候，請您先試著關閉K線顯示。如此一來，線圖就會變得很清爽，也比較容易從中找出紅色雙重頂與紅色雙重底。

RULE 65

看到「PPP」訊號出現，就要有信心地抱緊持股

當股價持續一路攀升時，週期較短的移動平均線，就會追著K線的腳步，迅速地步步高升。因此，移動平均線的排列，會呈現「5日線＞10日線＞30日線＞50日線」的順序，而且每條均線都往上揚。只要均線持續呈現「5日線＞10日線＞30日線＞50日線」的順序，那麼不管什麼時候買進，獲利都能不斷放大，賺得飽飽飽。

在相場式投資心法當中，我們將「5日線＞10日線＞30日線＞50日線」這個完美的漲勢排列，稱為「PPP」，並視為是指引持續買進的最強訊號。

反之，移動平均線由上而下，依「50日線＞30日線＞10日線＞5日線」的順序排列的狀態，我們稱之為「**反PPP**」。這時若繼續持有空頭部位，就能賺進

記住「PPP」和「反PPP」的線型

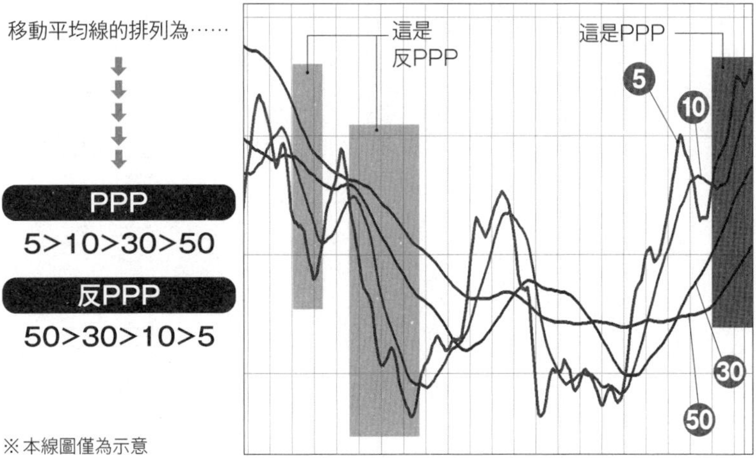

※本線圖僅為示意

大筆獲利，也就是所謂的「狂熱時間」。

「PPP」和「反PPP」，不僅可以當作我們是否要續抱持股的判斷依據，也能用來找進場買點。

比方說，個股的移動平均線排列呈「5日線>10日線>50日線>30日線」，或「10日線>5日線>30日線>50日線」等順序，只差一點就能變成「PPP」時，我們就要先做好準備，等到股價上漲，帶動排列順序形成「PPP」的當下，就當機立斷地進場買進。至於在排列形成「反PPP」

前，當然就是進場布局空單的機會了。

事實上，我們不只可以用日K線檢視「PPP」和「反PPP」，若能一併在週K、月K上檢視「PPP」或「反PPP」的完成度，就能更放心地操盤。倘若在週K、月K上，「PPP」或「反PPP」都已經成形，就證明了個股會持續一段很長期的強力漲勢或跌勢。

RULE 66 把「PPP」的完整型態烙印在腦海裡

第183頁的這張圖，呈現了貨運公司「NX控股」（日本通運）日K線上的「PPP」和「反PPP」。它們的線型非常完整，請您先將之烙印在腦海裡。

所謂的「PPP」，是指移動平均線依「5日線＞10日線＞30日線＞50日線」順序排列的狀態，而5日線和10日線則會隨股價波動而大幅上下震盪。我們要關注的，是**30日線和50日線的走向和間隔**，請您千萬**別被5日線和10日線的波動蒙蔽雙眼**。

您應該可以看得出來：當個股呈現無可挑剔的漲勢時，30日線和50日線會一路上揚，而且彼此的間隔會越拉越遠，或在維持一定間隔的情況下推移。**30日線、50日線的穩定度，是「PPP」的命脈**。

儘管K線和5日線在「PPP」成立的過程中，會不斷地上下震盪，但絕不會跌到觸及30日線，而是把30日線當作支撐點。只要這些均線整體看來都還在往上，你就可以高枕無憂。

另一方面，在這張圖表的右側有一個「倒V」字型，等於是股價在觸頂後回落，形成了「反PPP」的格局——當30日線和50日線以銳角交叉後，兩者間隔不斷擴大。

一個穩定的「反PPP」訊號，命脈正是30日線和50日線之間的下方乖離。

PPP、反 PPP 和稍早前的移動平均線線型，至關重要

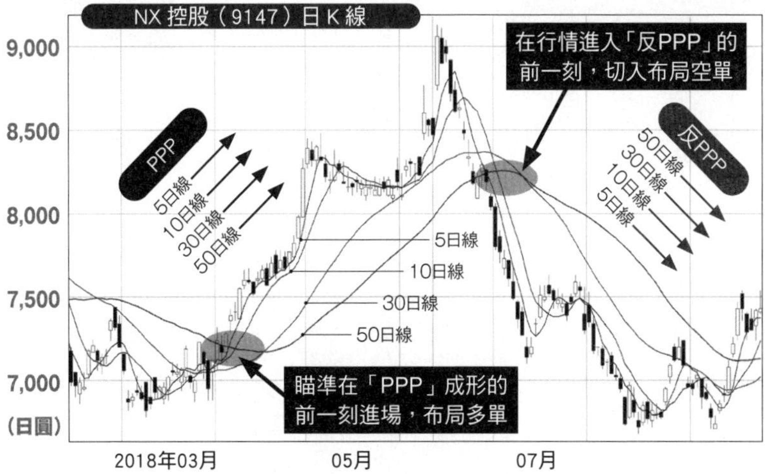

只要這個狀態維持不變，即使K線或5日線稍為上揚，也還是要繼續站在空方。

「PPP」和「反PPP」都不是一朝一夕可以成就的產物，因此，它的好處，就是能讓我們懷抱著「差不多該PPP了」的心態，提前準備。就算是50日線在5日線處出現轉折，均線的位置關係全盤改變後才進場，我們仍然能賺到相當可觀的獲利。

RULE 67 「PPP」就像打不死的蟑螂

在「PPP」線型維持不變的情況下，只要持續布局多方，獲利就會不斷增加；而在「反PPP」線型維持不變的情況下，只要持續放空，獲利也會不斷增加。「PPP」和「反PPP」，儼然就是投資世界的「理想國」。然而，許多投資人往往會因為「怎麼可能持續漲這麼久」、「超跌成這樣，絕對有問題」等心態，而早早清空手中部位——盤面上明明已經出現了宛如大河連續劇那樣穩賺不賠的經典劇本，實在很可惜。

為了這些抱不住（早早就賣出）股票的人，我鑽研了一項定律來提醒各位，那就是「PPP就像是蟑螂」——**怎麼打都會再活過來，是個很死纏爛打（但很可愛）的角色**。

在「PPP」當中，其實還區分為「強勢PPP」和「弱勢PPP」。前者的各項移動平均線，上攻角度都很鮮明，且均線彼此之間的間隔，會隨著上攻而不斷擴大，持續推移。

至於「弱勢PPP」，雖說在均線排列上，它仍會斷斷續續地維持「5日線＞10日線＞30日線＞50日線」，但移動平均線向上的角度就比較平緩，甚至5日線、10日線還有很多是向下的。有時還會以持平盤整的狀態掙扎打滾，**均線彼此的間隔很窄，還會翻盤糾結，看不出有拉開間隔的跡象**。

個股漲勢再怎麼強勁，股價都不會天天拉大紅K、無窮無盡地漲翻天。它會一再上演「每隔幾天就因為下跌而出現黑K，等重整旗鼓之後再開始上漲」的走勢。到頭來，個股上漲力道減弱，股價形成一個無法再創新高的頂部區。於是多空勢力便開始交戰，走勢在漲跌互見的拉鋸下，轉進跌勢——這種發展很常見。

「強勢PPP」在遇到看似拉回的走勢時，會讓人心想「差不多該認真跌一下了吧」，但它總能重新復活，並一再上演這種戲碼。例如有時「強勢PPP」

出現較多黑K，或是5日均線一路下探，10日線也從持平盤整轉為向下，還一起摜破30日線。此時我們會心想「這下子絕對沒戲唱了」、「再怎麼妖股，也差不多該跌了吧」，結果它卻又再次上漲。這種走勢實在很令人欣喜，但的確是死纏爛打！

在「強勢PPP」的情況下，股價往往也比較會在頂部區狂飆。其實一般而言，股價到了頂部區，就不會再繼續創新高，而是持續呈現股價波動較和緩的盤整行情。不過，當個股處於「強勢PPP」時，股價在頂部區打死不退的毅力就會很驚人。有時看來似乎已不再續創新高，竟又突然爆發猛烈漲勢；又或是連拉3根黑K，讓人以為漲勢已現疲態，沒想到卻又突然復活，接著又再出現多根黑K，拉回走跌，結果幾天後又再復活……這種戲碼會重複上演好幾次。

股價原本一度觸頂承壓，看似漲勢已死，其實還一息尚存，甚至馬上復活，開始動了起來；接著股價又觸頂承壓，讓人以為「這次總該死了吧」，結果又活了過來。這種**宛如蟑螂的堅韌不屈**，正是「強勢PPP」個股在股價走勢上的特色。對於那些已看準股價從頂部區拉回，搶先布局空單的操盤手而言，這種走勢，恐怕會讓他們看得胃都痛起來。

次頁是「大東建託」和「MIXI」的日K線，它們所呈現的，就是「強勢PPP」的股價走勢。

在「大東建託」的案例中，移動平均線在Ⓐ區曾一度持平盤整，彼此拉鋸，看起來很有可能轉入跌勢。然而，均線自此竟又再走揚。途中在Ⓑ區曾有多根黑K現蹤，令人不免心想「總該跌了吧」，孰料又臨去秋波，飆漲一陣之後，漲勢才開始收斂。

而下方的「MIXI」，也持續呈現相當標準的「PPP」狀態，到了起漲後第五個月的「Ⓒ」處出現重挫，讓人不免覺得「差不多要進入跌勢了吧」，但它卻又跳空上漲。後來漲勢進入第七個月，來到Ⓓ區，儘管5日線和10日線已轉趨下探，向下摜破30日線，但最後還垂死掙扎，「死纏爛打」地撐到拉出一根有上影線的大紅K之後，漲勢才轉趨平靜。**面對銳不可當的「PPP」，還是別太鐵齒才好**。

只要均線仍在「PPP」狀態下，股價就會不斷上攻

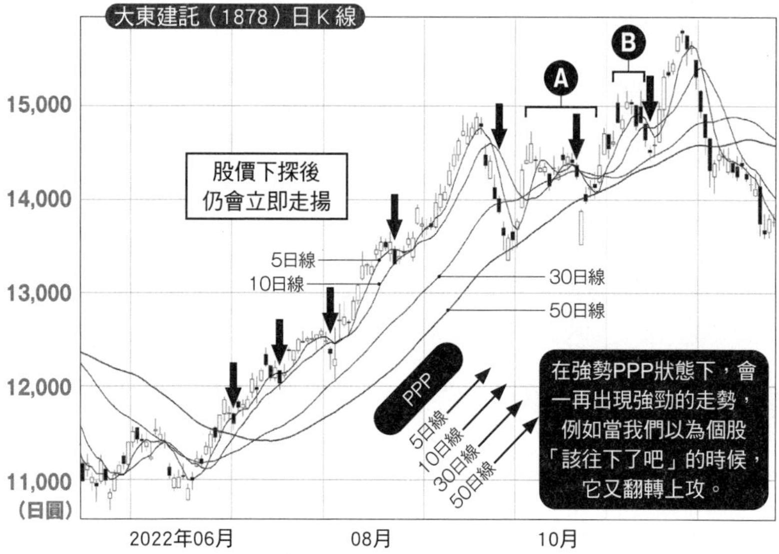
大東建託（1878）日K線
15,000
14,000
13,000
12,000
11,000
(日圓)
2022年06月
08月
10月
A
B
股價下探後
仍會立即走揚
5日線
10日線
30日線
50日線
PPP
在強勢PPP狀態下，會
一再出現強勁的走勢，
例如當我們以為個股
「該往下了吧」的時候，
它又翻轉上攻。

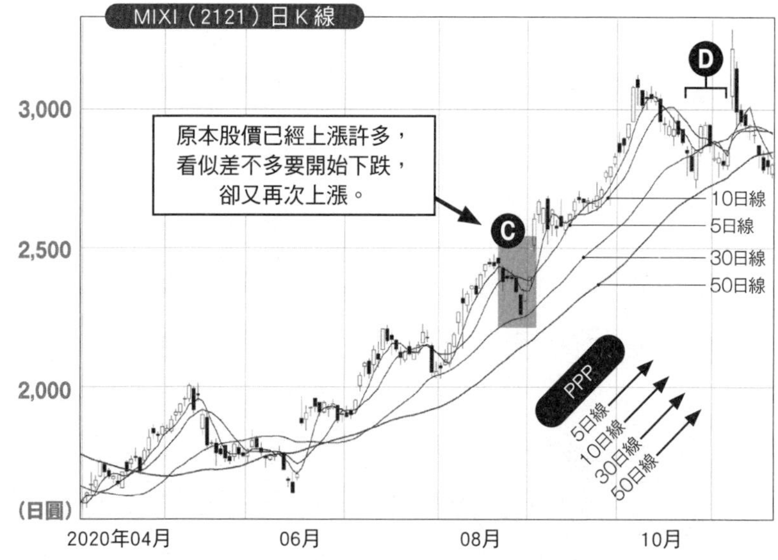
MIXI（2121）日K線
3,000
2,500
2,000
(日圓)
2020年04月
06月
08月
10月
D
C
原本股價已經上漲許多，
看似差不多要開始下跌，
卻又再次上漲。
10日線
5日線
30日線
50日線
PPP

RULE

68 挑選四個相場師朗獨創絕招，將之融會貫通吧！

前面介紹了相場式投資心法的各種買賣訊號，它們個個都很精準，是能幫助我們迅速做出投資判斷的「必殺訊號」。

或許有很多人會滿懷雄心壯志，心想「我要馬上把它們都拿來用用看」，然而，對於股市新手而言，要把這些招式全都運用到得心應手，至少要先把過去的股價線圖拿出來，做完總計三千年份的線圖研讀，逐一解讀過每一根K線的走勢，還要在約莫十年的實戰經驗中，不斷嘗試錯誤才行。

要知道，人都有自己擅長和不擅長的事。請您先從前文介紹過的「下半身與反下半身」、「鳥嘴」、「分歧」、「N大與反N大」、「紅色雙重頂與雙重底」、「PPP與反PPP」當中，找出自己的拿手絕活，並腳踏實地、逐一深入探究。

「下半身與反下半身」和「9的定律、17的定律、23的定律」，是為相場式投資心法奠定基礎的基本訊號及定律。因此，從這些項目開始檢視，應該是個不錯的選擇。

除此之外，我們的訊號還包括了用來分辨趨勢轉換、延續或加速的訊號，釐清高價區和底部區的訊號等。它們出現的時機各不相同。我幫各位整理如下：

- **趨勢啟動之初：N大、反N大。**
- **趨勢延續時：PPP、反PPP、分歧。**
- **形成頂部區及底部區：紅色雙重頂、紅色雙重底。**
- **趨勢轉換時：鳥嘴。**

並不是在任何情境下都必須買賣、進出。我們要先多方嘗試，找出在股價波動的過程中，自己操作起來最得心應手的格局。

如果您覺得在持續上漲時順勢操作、布局多單，是自己最得心應手的操作，那就請您要熟悉「**下半身＋PPP**」；熟悉多方的操作之後，還要開設信用交易帳戶，挑戰在布局空單之際，搭配運用「**反下半身＋反PPP**」。

再者，您還要在操盤的過程中，加入「**分歧**」和「**9的定律**、**17的定律**、**23的定律**」的概念，學會運用它們來做投資判斷之後，才能在順勢操作的大多數情況下，成功獲利。

若想鎖定操作可賺得更多獲利的「趨勢轉換」，那麼「**雙重底**、**雙重頂＋下半身**、**反下半身**」，以及「**下半身**、**反下半身＋鳥嘴**」的搭配組合，也是一個不錯的選擇。

我認為「拿手絕活只要有四招就好」。若您能正確地將相場式投資心法運用到得心應手的地步，那麼一年靠股票賺個1千萬圓，就不再是遙不可及的目標。

請您莫心急、莫心慌，用心學會這些投資技巧吧！

RULE

69 相場式投資的下單時機點

這裡我要說明相場式投資心法**在實際操作時的下單方法**。

在相場式投資心法當中，有一種買賣判斷手法，就是把K線從線圖上拿掉，只留下移動平均線。不過，最終到了要「買進」、「放空」或「平倉結清」的階段，就會在線圖上呈現K線，決定出手時機。

基本上，相場式投資的操作，不會選在「盤中」（買賣都會即時進行的交易時間內）買賣股票。白天有空，且操盤技術高超的人，當然可以在盤中反覆買進、賣出。但與其多次買進、賣出，我倒是覺得不如在一次的交易中處理較多股票，提高操作效率。

整天忙著工作、做家事和帶小孩的人，以及有意頻繁進出操作的人，我建議

一天只交易一次，例如在每天收盤前，也就是下午3點股市交易結束[2]、收盤價出爐前的最後一刻下單，或是在當天晚上，就安排好隔天一早開盤要下的單。

假設今天有個股看似應該會拉出紅K，進而成功站上5日線，且K線柱體會有超過一半在5日線上探出頭來，「下半身」即將成形。通常「下半身」是否確定成形，其實要等收盤價出爐才能判定，但要是等待收盤價出爐，就來不及在當天買進訊號亮燈的個股。

所以我才會說要選在「下午3點收盤前的最後一刻」出手——因為每天下午2點半到3點之間，就是日本股市收盤前的最後一刻，個股當天的K線型態，這時幾乎都已底定。

若在當天下午2點半時，幾乎已篤定個股當天的K線會由下往上跨過5日線，「下半身」即將成形的話，就可趕在下午3點收盤前，用不指定價格的市價

2 編注：台股撮合成交時間為上午9點至下午1點半，委託下單時間為上午8點半至下午1點半。

單，或是指定價格的限價單，下單買進。

不過，在股票的委託方式當中，還有一種是所謂的「**收盤市價單**」（不論下午3點收盤時的股價是多少，都照價買進或賣出的委託單），也就是敲進市價單，以當天收盤時的最終價格委託買進。如此一來，我們就能精準地用下午3點時的收盤價，買進個股。

當然我們不見得一定要在訊號成形後立即買進，先擱置一晚，觀察股價動向是否的確如訊號所示，也是一種方法。這時我們就要等待隔天早上9點開盤（會開出當天第一個成交價格），如果股價看來的確會朝訊號提示的方向發展，我們就用「**開盤市價單**」（要以開盤價成交的市價委託）來下單委託。

既然前一天已經出現買進（或賣出）訊號，所以只要股價朝訊號提示方向發展，我們就會與部分獲利失之交臂；反之，如果股價未依訊號提示方向發展，我們就能避免承擔虧損的風險，這也不失為一個優點。

隔日操作能讓我們有時間評估是否要進場交易，這也是它的一大優點。我們可以趁當天晚上觀察線圖，仔細斟酌，評估收盤時出現的訊號是否正確。

RULE

70 要能清楚說明進場買賣的理由

前文提到我們進場的時間，可分為「當天收盤前」或「隔天早盤開盤」這兩種類型。不過，在決定採取其中一種下單方式之後，最好別輕易更換，投資操作會比較順利。建議您仔細觀察線圖，好好想清楚「為什麼我現在要進行這個操作」之後，再採取行動！

重點在於，**要用自己的方式，釐清買進、賣出的原因**，當然，買賣判斷也需要有一定的根據才行。例如實際觀察當下的股價線圖，說出「因為移動平均線這樣，K線這樣，相場式投資心法的某某訊號亮燈，所以要買進（或賣出）」等等，至少要列舉出五個買賣判斷的根據才下單，並且趁著自己還沒忘記之前，把它們寫在筆記本上。親手把這些原因寫在筆記本上，有助於直接提升您的投資操盤技術。

因為拿「我覺得這樣做好像會獲利啊」之類的理由來投資操作，絕對不會成功。錢花掉就沒有了，但股票的投資操盤技術，會成為您身上的血肉，成為幫助您邁向美麗人生的寶貴資產。投資操作的原因夠明確，它才有「再現性」，能把這個經驗應用到下次的投資決策上。

請您紀錄自己在股市的買賣進出，並於日後重新檢視。萬一失敗了，就要天天回顧，想想「我就是因為某某原因，在這裡做得不夠」，以便下次改善。這個回顧的工夫真的很重要，請您務必養成習慣，讓自己今後能享受充實的玩股人生。

第5章

相場式股市心態及交易心理的定律

RULE

71 錯的不是行情，而是你自己！

有些人只要買賣股票不順心，就會責怪股價走勢，覺得「這種股價波動太奇怪了」、「根本不合理」等等，而不是對自己究責。

在這個族群當中，很多人都會認為「這裡啦，這裡！就是因為這檔股票有某某因素，所以股價應該要漲才對。現在走跌只是受到一些短期因素的影響……」等等，用自己的邏輯或分析手法，試圖**合理化自己的行為**。

然而，股價波動其實並沒有對錯。因為股價走勢不論對錯，我們都必須準確預測它的方向，搭上它的發展，否則您永遠無法獲利。

換言之，行情絕對不容挑戰，股價永遠正確無誤，就像是個百分之百的神一樣完美。而要負責預測股價走勢的，是您自己。這裡所謂的「行情」呢，很抱歉，它指的是股市行情，可不是我相場師朗[1]喔！

判斷失準時，就會虧損；判斷正確時，就會獲利——它就是「玩股票」這種遊戲的規則。

尤其那些高學歷、高收入的族群，或許是因為他們的人生一路走來，總是受人吹捧，身旁的人都說自己「很優秀」、「很傑出」、「很聰明」、「很了不起」，所以他們才會把自己的失敗歸咎給股市，往往還會合理化自己的行為，或選擇先求自保，請各位一定要別留意。

為什麼我會這樣說呢？因為會像這樣**合理化自己的行為，在投資股票時是一個相當危險的徵兆**。

「出錯的不是我，是行情（或是相場師朗）錯了！」當一個投資人忙著說這種話的時候，他的投資損失恐怕正在逐漸擴大。

1 譯注：「行情」的日文就是「相場」。

「結果是我的錯……」等他們哭喪著臉認錯時，說不定已經有半數財產化為烏有。

「都是行情的錯！」這句話是有可能讓您灰飛湮滅的危險詞彙，更是**多數投資股票賠錢的人最常說的話**，請您千萬別說出口。

RULE 72 能「戒急用忍」才是真正的高手

投資股票和金錢息息相關，所以您一定要養成克制自己的情緒和欲望，以及**冷靜、理性且客觀判斷的習慣**，否則就會陷入惱人的泥沼。

「股票一買就跌，當我含淚停損之後，股價卻又開始飆漲。」

「買進之後雖然股價漲了，後來我覺得還會再漲，就沒賣掉，沒想到竟然崩跌，結果害我虧大了。」

只要開始投資股票，就會常常碰到這種令人扼腕的場景。有些人為了讓這份扼腕「加倍奉還」，便大膽投入風險更高的投資操作；也有些人在賺錢獲利之後還想「賺更多」，便加倍投資，結果栽了大跟頭。

這些故事，彷彿讓人看到一幕幕「人間悲劇」……不，應該是「人間喜劇」。隨心隨欲地買賣進出，到時候心中一口氣噴發各種「毒素」，包括對自己有利的解讀、合理化自己的行為、只求自保、對失去的獲利放不下或耿耿於懷、對已蒙受的損失感到後悔或絕望等，布滿全身上下。

到了這個地步，可說是藥石罔效了。

投資股票並不是只需要磨鍊買賣技術就好，還要**學會戒急用忍的技巧**，**好好控制自己動盪的心志**。

「心志」是最捉摸不定的東西，很難鍛鍊。不過，有一件事我可以很肯定地說，那就是「**就算玩股票虧了錢，也不至於賠上性命**」。如果判斷出錯，那就只要虛心反省，趁早停損，或趕緊重新來過即可。

股票的投資操盤是一項技術。所謂的技術，就是要先從失敗中學習，拉抬經驗值，再累積各種不同的智慧與訣竅，以求日益精進。

至於人身上的七情六欲，這些很難期待會有多少進化的情緒感受，則要好好蓋上蓋子。請您只要專注於股價的波動即可。

如果我們的預測準確，就要分析這次成功獲利的原因；萬一判斷失準，投資以失敗落幕，也要好好檢驗失敗的原因。這些都是為了讓我們不再重蹈覆轍，所做的努力。

話雖如此，但**人類就是一種會不斷重蹈覆轍的生物**。如果您發現自己「總是一再重複同樣的失敗模式」，那就別在那樣的情境下出手操作。

建議您不要只是想著「要賺更多錢，但絕不願意承擔半點虧損」，而是要思考「讓自己的投資操作變得更高明」，全神貫注地把心思放在精進自己買賣股票的技術上。

如此一來，結果（財富）自然就會隨之而來。人的心志比K線更加衝動魯莽，但要馴服它其實並沒有那麼困難。

RULE

73 別被網路上的投資消息迷惑心竅

網路上經常會刊登一些「這檔股票一定漲」、「投資這項商品，保證回本，年化報酬率有10％、還有分紅……」等毫無事實根據的投資消息，或是詐騙式的金融商品宣傳，多得令人咋舌。

我們千萬不能被這些消息蒙蔽。說穿了，**不管是什麼樣的小道消息，請一律視為背後有詐**——畢竟天下沒有白吃的午餐。

如果「這檔股票一定漲」的消息屬實，那麼股市一定會立刻反應，股價應該早就漲翻天了。

很多所謂「這檔股票一定漲」的資訊，多數很可能是已經大量持有該檔股票、想趁高價賣股下車的大戶，為了吸引更多買單上鉤而刻意釋放的訊息。

此外，我也不時會看到一些金融商品的宣傳，標榜「保證還本，年化報酬率10%……」等等。這種論述，邏輯上就很有問題。

以2023年5月為例，美國十年期公債的**年化報酬率僅4%以下**；東證Prime市場[2]的預估平均現金殖利率也僅**2.5%上下**。在這種背景下，「保證還本，還能享有10%年化報酬率」的金融商品，根本不可能存在。

這種詐騙式的金融商品，其實只要稍有金融知識或經驗的人，就能加以識破。而會上當受騙的人，全都是因為想「**快速、簡單又方便地賺大錢**」的貪念作祟所致。

即使是用相場式投資心法來操盤，要在股市中連戰連勝，還是需要研讀總計好幾千年份的線圖等，流血流汗地付出努力與鍛鍊（其實是很令人愉快、滿心期待的作業）。

別讓網路上的投資消息，奪去了我們寶貴的投資心態和財富。

74 止血價值千兩，停損價值萬兩

RULE

在投資世界裡，有著各種五花八門的格言。接下來，我要用相場式的風格，將這些格言詮釋成投資定律，介紹給您。

「**及時停損，損失千兩；猶豫不決，損失萬兩**」這句格言是在闡述停損的重要性。它在教導我們：當我們進場投資之後，如果個股出現未實現損失，那麼懂得趁損失尚輕時止血賣出，就有千兩的價值；養成趁損失尚未擴大前盡早停損的習慣，則有萬兩的價值。說得真好！

比方說，假如有一檔個股的K線是紅K，且由下往上突破5日線，出現「下

2 東京證交所區分為「Prime」、「Standard」、「Growth」三個市場，「日經平均股價指數」即是以在Prime上市的225檔股票之股價計算而成。

半身」的訊號，於是我們決定敲進買單。如果在這之後，K線的收盤價跌破5日線，那麼這次進場就算是失敗，要立即停損。

「K線收盤價跌破5日均線」往往會走向跌勢，所以要賣出。也就是說，停損是很正確的決定。

如果我們再累積多一點投資經驗，那麼這時就可以選擇先賣空，巧妙地度過這一段股價波動。

不過，股市新手最好還是要提醒自己「只要一次操作失敗，就要壯士斷腕地停損」，這樣整體投資績效才會進步。

我會這麼說，是因為在投資股票的過程中，我們會有很多次進場機會，即使失敗個一兩次，也不需要哭哭啼啼。下次再把錢賺回來，就可以打平損益。只要勝多敗少，以整體的投資績效而言，就算是可以全身而退。

對一次的投資失利牽腸掛肚，對虧損耿耿於懷，**在精神上、時間上所造成的損失，遠比實際上的金錢損失，更浪費好幾倍，甚至是好幾十倍，**況且恐怕還會對日後的投資績效造成負面影響。

止血豈止價值千兩，甚至有高達萬兩的價值；停損的價值又何止萬兩，根本就有千萬兩的價值——這一點請您務必銘記在心。

75 當市場「交易冷清」時無利可圖

RULE

日本有一句投資格言說，「**冷清無賣單**」。它的概念，是認為當交易冷清、股價沒什麼波動時，賣壓很可能已經出盡，所以急著出清手中持有的股票，並不明智。

我對這句格言的看法是：盤面上的成交量和成交總值偏低，對這種交易冷清的個股或行情出手，是不正確的。

股價會出現波動，是因為投資人分為多、空兩方，雙方展開一波又一波激烈的多空大戰所致。倘若整體行情並沒有上漲或下跌，但股價在很狹窄的區間迂迴徘徊、呈現膠著狀態時，即使勉強進場交易，恐怕也很難從中搾出獲利。況且如果每天的成交量達不到200萬股以上，就表示個股股價缺乏波動，難以預期後續走向，故不應在此時出手，的確就是「冷清無利可圖」的狀態。

當整體行情冷清一段時間後，股價必定會出現一波新趨勢，可能是漲或是跌，總之會朝其中一個方向發展。我們要睜大眼睛，看清K線和移動平均線的變化，戒急用忍，靜待明確趨勢浮現。

RULE 76

行情的「頭尾」都要盡力去爭取

在我們買賣股票的過程中，一般認為絕不可能「買在最低點、賣在最高點」。而「**頭尾留給別人吃**」這句格言[3]，就是要提醒投資人別在行情的頂部或底部勉強進場。

然而，如果要問我的看法，我會說在股價波動的過程中，**頭和尾是最有甜頭的部分**。我甚至想告訴各位，「頭和尾都要很積極地去爭取」。

我會這樣說，是因為行情的頂部區和底部區會出現很多極具特色的價格波動，比持平盤整的個股更容易獲利。

當個股股價來到頂部區時，很容易出現挑戰高價卻功敗垂成的走勢，就像相場式投資心法當中的「**紅色雙重頂**」一樣。

而「**空頭吞噬**」（出現一根大黑K，完全包覆前一根短紅K的K線組合）或「**上影黑K**」等別具特色的K線，也都會在這個階段登場。

此外，移動平均線也會呈現相當簡單明瞭的型態，例如**長期移動平均線和短期移動平均線會收斂**在一個狹小的範圍裡等。

3 出自在江戶時代投資米糧行情而致富的本間宗久。他將行情波段視為一條魚，勸投資人掐頭去尾，不貪心妄想要買在最低，賣在最高。

選擇完全忽視這些訊號，刻意留下頭、尾不操作，實在是太可惜了。

若您覺得「啊！這裡應該是尾（底部）」，那就應該放眼後續漲勢，布局買進，為新一波漲勢來臨預作準備；若您覺得「啊！這裡應該是頭（頂部）」，那就應該敲進空單。光是鎖定這些在頂部、底部區的趨勢轉換行情來操作，就能賺飽荷包。

在相場式投資心法當中，也有「**9的定律**」、「**17的定律**」和「**23的定律**」這種用來釐清行情頭尾波動的分析技術，請您務必妥善運用，爭取頭尾獲利。我們要磨鍊各種投資技巧，鑽研各種技術，以便在各種價格波動走勢下創造獲利——這就是股票專家的生存之道。

RULE

77 股市中沒有真正「眼光精準」的人

股市中有句話說，「**跟著眼光精準的人走**」，也就是要一般投資人最好學會搭便車，跟著那些戰勝股海、眼光精準、運勢很旺的人操作。它和「**西瓜倚大爿**」等形容，可說都是同類型的教誨。

不過，投資股票這件事，就只能憑個人的技術和經驗來創造獲利，要一步一腳印的做足功課，並不是「跟那些眼光精準的人做同樣的事，就能賺大錢」那麼簡單，甚至到頭來還會打亂自己節奏，徒增虧損。

投資股票究竟該如何成功獲利？問一千位投資人，恐怕就會有一千種不同的答案。相場式買賣訊號五花八門，其中包括了「下半身」和「反下半身」等。這些訊號的應用程度因人而異，甚至還有擅長與不擅長的問題。有人是穩健型，很擅長運用「分歧」概念，順勢在漲多拉回時做多；也有些勇猛果決的人，靠著「股價挑戰高點失敗」和「紅色雙頭頂」的概念，靈活地切入股價從頂部崩跌的時機，進場做空。

人的個性、實力，以及對訊號、個股的熟悉度或擅長與否，都會影響我們的操作手法。

投資股票時，光是了解敵人（股價的波動），並不足以致勝；還要再了解自己，調整好心態，才能百戰百勝。

我認為「**知己知彼，百戰不殆**」這句出自孫子的教誨，最能清楚表達投資股票的成功之道。

我個人最重視的，是事前練習的工夫。正因如此，我才會創造出五花八門的練習方法，以期能讓股市的投資操作更順利。尤其是我在本書當中介紹過的「線圖研讀」，即拿出過去的線圖，逐一檢視過往的每一根K線，自己動腦想一想「下一根K線會怎麼走」，就是其中最具代表性的例子。

除非我們能紮實地練習，讓這些投資技巧深植在我們腦中，否則就無法在股海中立於不敗之地。

別再忙著找投資眼光精準的人來搭便車，建議您趕快拋棄那種「只想靠別人」的想法，好好鍛鍊您自己的投資技巧——這才會是您一生受用的財產。

RULE 78 「別買、別賣」，看不懂行情就韜光養晦

「**休息也是一種行情**」這句格言也很有名。散戶投資人的特權，就是我們可以不必天天交易——因為不交易就不會有獲利，但也不會有虧損。

在股價的波動當中，很多都是「就算找股市老手來，也很難處理」的格局。縱橫股海超過四十年的我，固然可以巧妙地突破各種難關；但對新手而言，股市裡實在有太多棘手的價格波動要應付。

比方說，在股價走勢發展的過程中，碰到了行情不上不下、持平盤整的格局；又或者是在大漲後重挫，接著又再次大漲的震盪格局；還有看似走勢準備翻轉，結果又維持原先走勢的假突破……這些都是很棘手的格局。

我們可以透過移動平均線的傾斜和排列狀況，來判斷哪些是「該休息的行情」。比方說當5日線、10日線、30日線、50日線全都持平盤整，複雜地交纏在一起，K線在均線上下徘徊，股價不斷震盪的話，請您千萬別出手操作——因為行情已經在告訴我們「請先韜光養晦」。

不過，即使是在「別買、別賣，韜光養晦」的情況下，也不見得一定要百分之百休息、對股市完全不理不睬。因為這種時候，正是我們最好的學習日。

缺乏明顯趨勢、難以進場操作的股價走勢，在持續一段時間之後，必定會出現一波向上或向下的強勁新趨勢，請您靜觀它的發展即可。

所謂「韜光養晦」的格局，其實就是為了要動起來而蓄積能量的期間。充電期間越長，下一波朝新方向發展的動作就會越大，進而成為一檔很容易獲利的個股。生猛強勁的趨勢行情啟動之初，堪稱是給散戶最大的犒賞。

好好韜光養晦之後，必定會有能讓投資人大發利市的格局出現。建議您務必養成習慣，即使是在韜光養晦的期間，每天還是要花15分鐘時間，觀察股價的行情波動狀況。

RULE 79 線圖會告訴我們「漲多拉回」的時機點在哪裡

在個股強勁的漲勢當中，我們想趁股價短暫下跌、修正之際加碼買進，卻遲遲等不到機會——這就是所謂的「**苦等漲多拉回，結果股價一去不回**」。

在股價飆漲的格局下，的確會有完全不拉回修正的案例。不過，即使是在很難找到買點的情況下，只要持續練習研讀線圖，我們就能快、狠、準地搭上漲勢。

像這種時候，「9的定律」和「17的定律」就能派上用場了。即使是在K線跳空，股價一路上漲，很可能被套在高點的可怕狀況下，如果整波走勢才剛拉了5、6根紅K，那麼現在加入戰局或許還不晚——因為根據「9的定律」，這檔個股還有可能再連拉幾根紅K，延續漲勢。

即使是在看不到何時漲多拉回的飆漲行情下，只要知道這些參考值，我們應該還是可以跳上這班車。

在跳上漲勢列車後，如果股價馬上拉了大黑K，一口氣摜破5日線的話，股市新手恐怕會立刻停損；高手則會（暫時）敲進比手中持股數量更多的空單，在飆漲和重挫之間兩邊押寶，也不失為一個方法。

說得更直截了當一點：最好在一般人所說的「苦等漲多拉回，結果股價一去不回」之類的**飆漲之前，就已將買單布局妥當**。

「飆漲前一刻」的典型型態之一，就是移動平均線已完成上漲行情的排列，但5日線出現短暫下跌，線型即將形成「N大」訊號（請見定律63）。

此外，「股價本身還在盤整，遲遲不漲，但似乎已築底完成，移動平均線已從持平盤整轉為約略向上」，當盤面出現這樣的氛圍時，後續股價突然飆漲的案例，也很常見。

在「苦等漲多拉回，結果股價一去不回」的狀態下，後續的漲勢是一路不回頭。這時如果我們已經買進持股，就可以不斷累積更多獲利。說得更具體一點，**只要K線持續上揚，從未失守5日線，就還不需要獲利了結**。已將多單布局妥當的人，這時只要放著那些持股，獲利就會滾滾而來、不斷累積，並開啟「狂熱時間」的序幕。

所以，線圖上的K線和移動平均線，其實都會事先告訴我們哪些個股進入即將一路上揚的格局，後續會飆漲到連拉回的空檔都沒有。

RULE

80 落下的刀子，也有適合它的接法

「落下的刀子不要接！」是在歐美股市中相當知名的一句格言，旨在告訴我們：當個股股價重挫時，千萬別因為「反正很便宜」、「跌這麼深很不合理」等理由而買進——畢竟赤手空拳地去接落下的刀子，手可是會割傷、流血的。

不過，我倒是覺得「落下的刀子，也有適合它的接法」。如果我們在投資股票時，手中只有「買進」這項武器，那的確是不要接刀比較保險。相對的，**在做空和做多都必須同樣靈活運用的相場式投資心法**當中，重挫格局也照樣有利可圖。

誠如「落下的刀子」這個名稱所述，股價下跌的速度和氣勢都會很猛烈。在兇猛跌勢下放空，能爭取到的獲利，遠勝於在上漲行情下，靠著股價波動所能累積的利潤。

再者，不論股價行情如何急殺重挫，都會因為做空的投資人獲利了結，而使得股價突然翻轉上揚。鎖定這個時機進場做多，也是相場式投資心法常用的招式。

「下影線極長的黑K」、「持平盤整一段時間，形成整齊排列的K線之後，K線開始出現準備跨過區間行情上限的趨勢」等，都是很具代表性的訊號，象徵股價即將止跌。

不論是如何猛暴的重挫，股價都會以上方那些向下的移動平均線作為導引，循線下跌。因此，只要留意5日線、10日線的傾斜，以及它們與K線之間的位置關係，也能零星賺到重挫過程中的反彈急拉。

接著，再運用「9的定律」、「17的定律」、「23的定律」，提前找到重挫即將告一段落的局面，我們就會比較容易鎖定接下來的股價反彈，訂出布局操作的時機。

重挫的速度和跌幅越深，之後翻轉上揚的漲勢就會越強勁。建議您將「重挫

→之後的反彈回升」配套思考，讓自己做空、做多都能獲利。

只要學會相場式投資心法，就能明白如何正確、安全地接住落下的刀子。

RULE 81

買賣股票講究的是「時機」，而非看好個股未來的發展潛力

在相場式投資心法當中，我們完全不會去解讀公司的業績和財務等資訊，不做任何基本面分析。

儘管有人以「中樂透」般的機率，押寶投資了10倍股（股價會翻漲10倍），最後成功獲利，但那畢竟是人生中僅有一、兩次的機緣。能連續挖掘到10倍股，還要能長時間守候，等它的股價翻漲10倍——能具備如此強大好運和堅強毅力的人，恐怕是少之又少。

美國知名投資人**華倫．巴菲特**憑藉著長期投資手法，創造了億萬財富，甚至

還受封為「股神」。然而，他會受到如此的推崇，難道不是因為他的成功太罕見、旁人難以如法炮製那些堪稱為「神」的操作嗎？

基本面分析缺乏再現性。相對的，運用線圖所做的技術分析，則可套用在任何一檔已掛牌上市，且由多數投資人創造出高額成交量、成交值的大型權值股上。同一套方法，在某一檔個股的股價波動中賺得豐厚獲利之後，還可以套用在其他個股的股價波動上，再大賺一筆。

這樣的操作，個股的公司業績不需要特別亮眼，大盤行情也不需要牛氣沖天。只要股價每天都有正常的變動，隨時都有機會進場投資。

再來就只要好好了解各種線型的特色，正確選擇該做多還是該做空，並在正確的時機出手交易即可。相場式投資的技術面操作，堪稱是**再現性的寶山**。

別再用個股的「未來發展潛力」買股，投資股票所有的獲利來源，都在於股價的波動，和公司的未來發展潛力、營收表現及成長性等因素，毫無關聯。因此，只要股價有波動，我們就可以從任何個股的任何走勢當中獲利。

RULE

82 「晴天時也好，陰天其實也無妨，那座富士山原本的樣貌啊，從來都不曾改變！」

標題這句話，是江戶時代末期至明治時期非常活躍的劍術高手——山岡鐵舟所留下的名句。當年決定無血開城的江戶幕府由勝海舟代表，和薩摩藩的西鄉隆盛談判，而居中穿針引線的，就是這位山岡鐵舟，這也令他名滿天下。

到了明治時期，山岡鐵舟成了明治天皇的隨從。但他在五十多歲時英年早逝，據說當年連天皇也悲痛不已，甚至還在他的送葬隊伍經過皇居旁時，從遠處目送他最後一程。

而這位山岡鐵舟所留下來的名言，探討的是我們的「**心境**」。

「天氣放晴時，富士山清晰可見。而當天氣多雲，看不見富士山時，它仍聳立在雲的彼端，樣貌從不曾改變。說穿了，能不能看見富士山，取決於我們的一念之間。」

「只要心境晴空萬里，就能清楚地看見雄偉美麗的富士山；如果心境滿天烏雲，就看不到富士山的英姿。」

就股市投資而言，所謂的富士山，其實就是股價的波動。當欲望與亢奮、不安與恐懼，讓我們的心境籠罩烏雲時，就無法做出正確的判斷。

投資股票牽涉到金錢，很容易造成**極大的精神負擔**。

相場式投資心法運用合理的買賣訊號與線圖解讀，讓股票初學者也能輕鬆提高勝率，盡可能避免對投資人造成心理上的負擔。

不過，當股價表現不如預期，被迫停損的情況越來越多時，投資人在心理上、財富上都會受到打擊。遇到這種情況時，請您務必回想山岡鐵舟的這句格言。

請您撥開嚴重虧損或操作失敗的悔恨所帶來的烏雲，用冷靜寬容的心態，再次仔細檢視股價波動。請您先深呼吸，如此一來，「一如往常，能清楚看見股價波動本質（富士山）」的日子，必將到來。

83 忍住小賺就跑的衝動，別把「畫的大餅」變成「真的大餅」

RULE

在投資股票的過程中，包括停損在內的風險控管措施，固然是最首要的工作，但**將獲利放大到極致，也很重要**。

根據「行為經濟學」的理論，人在失去曾經到手的獲利後，往往會特別心有不甘。因此，當我們操作股票稍有獲利時，就會害怕失去、心神不寧，無法沉著冷靜——因為我們想早日放心，所以就會馬上獲利了結。

投資金額越高，這種患得患失的心態就會越明顯，於是我們就會想把「畫的大餅」（未實現利益）變成「真的大餅」（確定損益）。

我很想請您耐心等候，不過，只要遵循相場式投資心法，就能用最少的堅忍意志，將您「畫的大餅」放到最大。

具體的做法，就只要遵守「**只要K線還在5日線上方持續上漲，收盤價不跌破5日線，續漲的機率就很高，所以要續抱持股**」這個定律而已。秉持「無住生心」（不執著）的態度，就能把獲利放大到極限——因為相場式投資心法，就連「將資產放到最大」所需的機制，都已經規劃得很完善。

RULE 84 「真正的機會」每個月只有一次

就我本身而言，一檔個股在股價波動的過程中，能讓我由衷堅信「這個一定可以！一定會大賺」的機會，每個月就只有一、兩次而已。

在定律7當中，我們談過要「**預設自己的投資好球帶**」，然而，出現「這就是我要的紅中好球」的機會，其實並沒有那麼頻繁。

「我盯豐田汽車和基恩斯（KEYENCE）」、「我追SONY集團和迅銷

（ＵＮＩＱＬＯ母公司）」……就像這樣，去熟悉自己喜歡的個股股價變動，持續追蹤，就是幫助我們提升買賣操作技術的最佳途徑。不過，也因為我們只鎖定幾檔個股，所以進場機會也會變少。建議您耐心等候，靜待心儀個股的投資機會到來。

在新手階段，我們熟悉的個股當然也比較少，這一點無可厚非，不必勉強自己增加追蹤的個股數量。硬是在不熟悉的價格波動走勢下，買賣自己不熟悉的個股，這麼做很容易失敗。

然而，如果昨天不適合，今天也暫緩，明天又沒機會……這樣下去，想必您應該會覺得越來越心急不安，心想：「我這麼有心（想買），卻沒有機會進場。究竟要等到什麼時候？」

如此一來，您可能就會對著根本算不上好球的「壞球」出手。在投資新手身上常見的情況，就是他們因為「新手好運」而稍有獲利之後，就沾染上「**好想交易**」**的病**，於是便在這些不算出手良機的情況下進場，結果以慘賠收場……很多投資新手都是如此。

投資股票，需要培養敢於休息的胸襟，以及能靜待時機的堅忍意志。

「真正的機會，每個月頂多就只有一次，別那麼心急」，放下欲望與邪念，拿出從容大方的態度，或許才是最重要的關鍵。

RULE 85 別滿腦子都是欲望，要以「技術」為優先

「我想賺錢，想早日變成億萬富翁」，如果只是為了這樣的欲望而投資股票，一定會栽跟頭。

比方說，您買了一檔股票，目前帳上已有獲利。這種時候，很多人都會心想：「我要早點獲利了結，否則之後股價說不定會跌……」於是便急著匆匆獲利了結。結果之後股價又再續漲，如果當初沒賣，獲利已經又翻漲3倍以上……這

也是很常有的事。

這其實無可厚非。因為您真正欠缺的，並不是落袋的獲利，而是您的操盤技術和意志力。

請您試著思考獲利短少的「失敗原因」，比方說，「為什麼我會這麼早就獲利了結？移動平均線還呈現完整的PPP，也就是『5日線＞10日線＞30日線＞50日線』，以持股的基本原則來看，明明就應該續抱到PPP線型走樣為止。沒能堅守這項持股定律，應該就是這次操盤失敗的主因」，像這樣藉此累積更多投資經驗。

反之，想必也有一些案例，是明明盤面上已經出現賣出訊號，該讓獲利落袋為安，結果卻被貪念沖昏頭，續抱持股，結果把所有獲利都吐了回去。

即使在這種情況下，我們也要**告別「只會後悔的自己」**。

請您學會從失敗中反省，例如「那根上影線紅K，是第9根。早知道我應該循『9的定律』，早點獲利了結才對。下次操盤進出時，我一定要想一想這個定律」等等。

因此，**比起獲利，我們更應該隨時優先考慮的，是檢驗成功與失敗**的原因。

RULE

86 THINK（思考吧！）

過去我在金融業上班，當年還曾到美國電腦大廠ＩＢＭ訓練中心上課。訓練中心裡隨處可見ＩＢＭ的企業座右銘「ＴＨＩＮＫ」（思考）這個字眼。

當年的ＩＢＭ，是擁有最先進資訊科技的明星企業，地位就像現在的蘋果或微軟一樣，內部洋溢著一股「要用全新創意，創造全新產品」的雄心壯志與熱情。

在投資操盤的過程中，「深入思考」是很重要的事。

開始操作股票投資之後，我們會在各種情況下，面對「可能漲，也可能跌，沒人知道股價會往哪裡走」的情況。而在不確定性環伺之中，我們要抱持「那麼我覺得會往哪裡走」的想法，深入思考，提出自己的假設，進而推導出結論。說穿了，投資股票就是懷抱勇氣和信念、投入寶貴資金的行為。光是思考「會漲還是會跌」還不夠，更需要深入評估「退場機制」，也就是「當股價一如預期上漲時，要在何時獲利了結」。

或是「當原本預期的上漲失準時，股價會怎麼走？當走勢這樣發展時，我該如何採取行動」等，預先超前兩步、三步部署，否則就無法做出妥善的因應。

假設現在有一檔個股，因為K線拉出紅K，且勢如破竹地攻克5日線，點亮「下半身」訊號，所以我們選擇了買進。不過，隔天卻爆出了一根大黑K，失守5日線……「什麼嘛！相場師朗的訊號根本就不準嘛」、「又沒中！都是騙人的嘛」，像這樣把問題歸咎在別人頭上很簡單。然而，**「下半身訊號失準」這件事本身，其實就是一個新的訊號**——因為這等於是在股市當中，出現了「異於平常的波動」。

「這個假突破到底是暫時性的，還是要加速拉回的前兆？」

股價出現異於平常的波動，或者走勢未如訊號提示時，說不定正是一個可望大幅獲利的機會。我們要隨時懂得思考，否則永遠都察覺不到機會上門。

別把問題歸咎給別人或行情，依您自己的判斷來採取行動，深入思考，不仰賴任何人，才會迎來成功、勝利和希望。

人生和投資股票，其實都是如此。

RULE 87

您是否成了「溫水煮的青蛙」？

您聽過「溫水煮青蛙」的故事嗎？把青蛙丟進滾燙的熱水裡，牠會大吃一驚，跳出水面。但如果是慢慢拉高水裡的溫度，據說青蛙就會覺得很舒適，不會發現水溫正在上升。等到發現水溫上升時，恐怕為時已晚……

人類也是一樣。浸泡在溫水裡，人就會變得很難察覺周遭環境的變化。儘管這樣不會致命，卻很難期待能有所成長。投資股票也是一樣，持續小賺會讓人放鬆戒心，導致虧損10倍的慘賠風險升高，更別說還想翻倍獲利了。

即使股價走勢一如平常表現，請您也要留意觀察，提防任何細微的變化。只要在溫水煮青蛙狀態下，驕傲自大的心態會令您錯失良機，也會忽略崩盤的危機。

請您隨時留意周邊環境。想找出機會、發現變化，就需要**不滿足於現況的探索精神與好奇心**。

RULE 88

即使絞盡腦汁思考，大腦也不會壞掉

孫正義將將軟體銀行集團一手打造成享譽全球的投資公司。據說他經常告訴員工，要「絞盡腦汁思考」。

他表示：「即使絞盡腦汁思考，大腦也不會被絞壞。請一定要打從心裡，認真地試著絞盡腦汁想一想。如此一來，我們自然就會有新的靈光閃現，而解決問題的方案，就能因此應運而生。」這是非常精闢的見解。

要是大腦真的會被絞壞，那事情可就不得了了。不過，我想孫正義先生想表達的，是要我們動腦動到這個地步，並享受「ＴＨＩＮＫ」。

在投資股票讓人「賺了錢好開心，賠了錢就不甘心」之前，其實它也是一套**可以滿足我們對知識好奇**的機制，況且不管到了幾歲，您都不必從股市中退休。我總是懷抱著愉快歡喜、滿心期待的心情來操作股票。

觀察每天多變的Ｋ線和移動平均線，想著「下一步要這樣……不對，還有這一招，也有別的方法」。**總覺得光是看著線圖，就能活化大腦**。說不定投資真的有助於延緩老化。

察覺線圖上的各種變化，並充分思考，最後找出最理想的一步棋……請您敞開心胸，好好享受這樣的過程，以及找到「那一步妙招」時的樂趣，最好還能對投資操作的結果感到歡喜。

投資股票不是玩遊戲，因此結果當然也很重要。不能持續虧損，卻還說「這樣投資很有意思，讓人欲罷不能」。

若能在有獲利的同時，從思考「下一步、再下一步」的過程中感受到快樂，那麼就等同於是已經打開一條成為股票專家、年獲利逾1千萬圓的道路了。

在經過絞盡腦汁的思考之後，一定會有某些發現或覺察。有道是：「知之者不如好之者。」多累積絞盡腦汁思考的經驗，投資股票的操盤技術就會更堅不可摧。

建議您不妨多動腦思考，畢竟大腦不會真的被絞壞——這一點，我這個每天絞盡腦汁思考的相場師朗，可以打包票掛保證。

第6章

相場式對投資股票和人生都有益的定律

RULE

89 有煩惱、有困擾，就去睡個飽！

當我們有煩惱、有困擾時，究竟該怎麼辦才好呢？不論是投資股票或人生，煩惱總是永無止盡。

這種時候，我都會要求自己「**先睡一覺再說**」。

這是以往曾背負上億債務、歷經千辛萬苦才還清，如今在日本發展太陽能光電等事業，做得有聲有色、相當活躍的金森重樹先生教我的道理。

當年他在就讀東京大學時，因為操作期貨而損失慘重，甚至賠到有人登門討債。後來由於接連好幾天都有人來討債，他只好天天躲在家，連燈都不敢開，過著假裝沒人在家的日子。他說那個時候，焦慮使得他睡眠不足，每天都過得痛苦萬分。

後來有一次，他突發奇想，決定「反正橫豎都是無解，乾脆別再想東想西、自尋煩惱，豁出去先睡一覺再說」。既然當年他都可以上得了東大，想必在準備升學考試期間，還有進入大學之後，應該都為了讀書而犧牲了許多睡眠。說穿了，就是睡眠不足的狀態。

於是他拋開一切，大睡特睡。結果，他說「自己的身體和大腦都清醒得嚇人」。包括負債在內，那些原本矗立在眼前的難題，竟在他腦中浮現出了各種因應方案。

至於我呢，我的人生可說是憑毅力打天下。曾有一段時間，我幾乎是不眠不休地鍛鍊自己的投資操盤技術，並持續操作上億日圓的部位。

然而，就在我聽了金森先生的這一番話之後，我也大膽地試著將自己每天的睡眠時間，調整為8到9個小時。

沒想到竟然立刻見效！

我的**身體變得很輕盈，心情變好，而且腦筋也動得很快。每件事都變得很正**

向，操盤交易的想法源源不絕，簡直就是好事連連。

儘管日本社會有「貪睡懶覺」、「不惜犧牲睡眠，也要……」等說詞，但就別管它們了吧！有煩惱、有困擾，就去睡個飽。請您務必一試！

RULE 90 咬緊牙關，撐過去吧！

「撐過去吧！」這裡所謂的「撐」，和一般大家所謂的「刻苦耐勞」截然不同。

起初我們會滿懷希望地練習，為了達成目標而努力。

可是，再怎麼努力付出，事情都遲遲不見萌芽。即使如此，**還是要請您「撐過去」，持續努力。如此一來，一定能達到您的目標**。

在努力付出的過程中，沒人知道您現在設定的目標，究竟要到什麼時候才會達成，或者是否永遠不會達成。

所以我們才會焦慮不安、失敗受挫。尤其是當周遭還有其他競爭對手時，更會讓人意志消沉——朋友們都在逐步達成目標，只有自己連目標的邊都還沾不上。「算了啦！」於是到最後便選擇放棄。

這樣真的很可惜。此時更要忍耐苦熬、持續努力，而那些看似無法達成的目標，也就不再遙不可及了。

我想，那些足以改變世界的重大發現，也都是不斷忍耐苦熬、持續努力付出之後的成果。

想學會高難度的股票投資技術，**就是一連串的忍耐苦熬**——建議您要先做好心理準備。

91 逃出生天的兩隻老鼠

Two little mice fell into a bucket of cream. The first mouse quickly gave up and drowned.The second mouse wouldn't quit. He struggled so hard that eventually he churned that cream into butter and crawled out.

——電影《神鬼交鋒》（*Catch Me If You Can*）

上面這個故事，是2002年上映的電影《神鬼交鋒》其中一幕的臺詞，出自片中主角李奧納多・狄卡皮歐的父親之口。

我將之簡要翻譯如下：

「兩隻老鼠掉進一個裝有鮮奶油的桶子裡。第一隻老鼠很快就因為放棄掙扎而溺死。第二隻老鼠沒有放棄，拚命掙扎，結果最後牠把鮮奶油變成了奶油，平安逃出了桶子。」

RULE

大概是這個意思。

電影中，主角的父親長年在紐約經商，好不容易才獲得當地扶輪社的會員推薦入會。而這段話是他在入會儀式上的演說內容。

我很喜歡這個故事，每年都會在我的公司和「株塾」的春酒上介紹它。我總覺得，自己也想要**像第二隻老鼠一樣，拚了命地掙扎，把鮮奶油變成奶油，力抗危機**。

而我也希望「株塾」的學員們，都能懷抱這樣的精神。

92 交易不躁進，寧靜才能致遠

RULE

「非寧靜無以致遠」這句話，出自《三國志》中的知名人物——諸葛亮在五十四歲時，寫給他八歲兒子的《誡子書》。

我想這句話真正的涵義，一定更有深度也更高明。這裡我就把「**寧靜致遠**」一詞，姑且解釋成「**只要懷抱平靜心態，不斷腳踏實地的努力，便能成就一番偉大的事業**」。

希望您在學習投資股票的技術之際，能將這句話銘記在心，風雨無阻地鑽研精進。

人人都想早日穩定獲利。但太躁進的結果，往往會使得我們只有「心」急著向前，人卻還停留在原地。

如此一來，我們就有可能在對股價波動認知不夠完整、操作技術不夠熟練的情況下，貿然投入資金，開始實際交易。

請您稍安勿躁。您應該把心情沉澱下來，腳踏實地，一步一腳印，持續做好線圖研讀的功課。

就我的學員來看，這種**兢兢業業的人，投資操盤技術最終將會大幅提升，並學會如何從股市中賺大錢**。

請您先培養出一定程度的實力之後，再把目標調高，把投資當作自己的終生職志來追求。比方說，一年要在股市中賺到1千萬圓，接著是一年賺3千萬，再來才是5千萬……等等。

即便我已經縱橫股海幾十年，但至今我依然還是會有許多自己過去沒察覺到的新發現。請您莫忘初心，持續累積經驗。

附帶一提，我的興趣是武術，長年來我一直遵奉「寧靜致遠」這個信條，修行迄今。其實直到今天，武術從不曾為我帶來任何金錢收入。

不過，在投資股票的這一項「興趣」上，我獲得了許多令人欣喜的禮物。股票不僅讓我享受投資操作的樂趣，**還能為我帶來財富！**

93 每個月的1號都是新年第一天

RULE

包括投資股票在內，要把一件事鑽研到精通的程度，要經過非常多的學習、記住很多事。

這時我們會心生焦慮，覺得「再怎麼學都學不完嘛」，而這份心慌，會讓很多人只做浮光掠影式的學習，覺得自己這樣就已經融會貫通，心想：「好了！這樣就夠了！」便開始行動，結果就是鎩羽而歸……這種案例屢見不鮮。

要做的準備工夫很多，我們也覺得自己已經做了夠多了。然而，如果我們做的準備缺乏內容深度，那就一點意義都沒有了。

「**好！那我就把每一項準備工夫都仔仔細細、鞭辟入裡地做好！**」這樣的心態最重要，而不是只覺得自己「已經做了」。建議您仔細地把每一項準備工夫做到爐火純青，好好累積經驗。起初或許遲遲沒有進展，但之後成長速度就會越來越快，尤其到了中段以後，學習速度會突飛猛進——因為**人的理解速度**，**是呈現加速式的發展**。

每到歲末年終、迎接新年之際，人們總會訂定或大或小的抱負，比方「今年要挑戰這件事」、「想做那件事」等等。

然而，到了2月中旬左右，這些抱負多半會被忘得一乾二淨，你我恐怕也會回歸一如往常的行為模式了吧？

在股市投資方面也是一樣，許多人恐怕會開始對因循保守、日復一日的現況感到厭倦，動起了「有沒有什麼方法可以更輕鬆地賺大錢」的念頭。就這個角度而言，現在正在閱讀本書的您，今年更應該紮穩馬步，仔細而深入地用心學習。

那麼，我們究竟該怎麼做才好呢？舉例來說，我們可以訂定一個「每月1號都是新年第一天」的規矩，**每當進入新的月份**，**就去廟裡上頭香**，如何？

在廟裡找回初衷，以全新出發的心情，再為自己立定新的抱負，讓我們面對目標的心情換上一番新氣象。

把每月1號都當作新年的第一天，這樣每年就會有12次迎接新年元旦的機會。每次應該都能讓我們有一個月左右的時間，去貫徹「好！那我就腳踏實地，好好地實現每個目標」的初衷。

RULE 94 「人因為自己的一個念頭而後退時，矗立在眼前的阻礙，看起來就會變得巨大無比！」

Panasonic的創辦人松下幸之助曾說：「要有堅強的決心、信念和意志，朝目標邁進。**如果沒有堅強的決心，那麼矗立在眼前的阻礙，看起來往往就會顯得更巨大、更困難。**」我很認同這句話，更將它銘記在心。

記得當年大學剛畢業時，我進入一間企業服務，還和當年的同事們一起報名參加了好幾場馬拉松路跑，雖然我本來就並不是那麼擅長跑馬拉松。

當年我們有時參加路程21・0975公里的半馬，有時則是參加42・195公里的全馬。不論是哪一種，在跑到終點前的5公里，都會讓人覺得非常痛苦。對一般人而言，光是跑個5公里，就已經算是相當長的距離了。房仲通常會以「走路1分鐘＝80公尺」為標準。用這個標準來看，5公里大概要走一小時。這樣您是否能想像這個距離有多遠呢？

也就是說，跑完16公里或37公里之後，還會剩下5公里，跑者早已精疲力竭。這時跑者抱持的心態，是**一心堅定地想著「剩5公里了」**，或**虛弱無力地認為「還有5公里啊……」**，兩者迎向終點的動力，天差地遠。

曾經在某一場路跑當中，我心想：「還有5公里啊……」結果在37公里處體力快速耗盡，最後連剩下的那一段距離都跑不完。

我練了好多年的空手道，還有最近很投入練習的合氣道，每當我碰到特別辛苦的練習時，一定得抱著特別堅定的意志，否則體力和精神面都會撐不下去。

平常研究投資操作技術時，也會有諸事不順的時候。即使是在這樣的情況下，仍然要懷著**「持續向前邁進」的堅定意志**，這一點我覺得非常重要。

因為如果沒有堅定的意志，就會覺得眼前出現了拔地參天的高牆或阻礙，根本不可能達成目標。

在我過去的人生當中，有好幾次是現在回想起來，還會覺得「幸好那時候我意志堅定，把事情堅持到底地做完」。想必您一定也有這樣的經驗。

RULE 95 堅持信念到「早起站路口」的程度

以下這件事，是我在一個節目上聽說的。當下真是大感意外。

2011年9月到2012年12月，在當時的民主黨（Democratic Party of Japan，現已發展成立憲民主黨和國民民主黨）執政期間，曾任第95屆內閣總理大臣的**野田佳彥，每天早上六點開始，都會在選區內的津田沼或船橋等車站前派發**

傳單，進行街頭演說。

據說這件事**已經持續了三十七年，迄今仍在進行中**。

嚴格來說，他每天早上出現在選區車站前的時間，是自1986年10月至2010年6月出任財務大臣的前一天，共計二十四年；再加上從他卸任首相後的2012年12月起到現在。算起來已有整整三十七年，真是個驚人的紀錄！

前後總計三十七年，每天早上6點準時報到。過程中一定碰過前一晚喝酒應酬，想必也有過感冒的時候，甚至還爆發過新冠疫情。即使如此，他仍然幾乎全年無休，而且持續至今。我對他的景仰油然而生，敬佩不已。

據說野田前首相會開始在街頭進行這樣的演說，是因為當年他在松下政經塾的老師——松下幸之助先生對他說過的一番話。

「我既沒錢，又沒人脈，兩袖清風。要在這樣的狀態下從政，該怎麼做才好呢？」

「如果是我的話，我會選在人多的地方做表演，展現自己。」松下幸之助這麼回答。

野田佳彥聽了這個建議之後，便在每天早上6點到8點30分之間，進行他所謂的「**早起站路口**」活動，在千葉縣內的各大車站前派發自製傳單，前後總計站了長達三十七年之久。每天「早起站路口」，還真是個男子漢啊！

看在我們這樣的凡夫俗子眼中，野田佳彥所做的事，**堪稱是「堅持信念」的行動**。我深感敬佩。

以往我立志要爬樓梯到位在9樓的公司，後來總是三天打漁、兩天曬網。聽聞這個「早起站路口」的故事之後，我又重新展開了爬樓梯計畫。

不管是上班時，外出吃午餐回來時，前一天練合氣道或空手道、練得精疲力竭時，又或者是前一晚不小心喝太多時……不論有任何狀況，直到今天，我都還是一階一階地爬著樓梯。

路過大樓大廳的電梯前方，朝樓梯方向走去，成了我每天必做的功課。雖然有時心中難免還是會浮現「今天好累喔」的念頭。

不過，現在遇到這樣的情況時，我總會想起野田佳彥的故事。或許是每天的爬樓梯訓練有了成效，最近我的合氣道和空手道，出招似乎都變得俐落許多。

不管做什麼事，堅持信念都很重要——**因為只要能堅持信念，不斷努力，自然可以精誠所至、金石為開**。更重要的，是能**讓自己變得更加神清氣爽、身體健康！**

RULE

96 找到一個實力勝過自己的榜樣

從前，我有一位我很尊敬的朋友Y。這件事發生在將近四十年前，我們兩人年齡相仿，但Y是個超級富豪。

Y的住家，是一間很氣派的透天厝，裡面停放著賓士、法拉利和捷豹（Jaguar）等多款高級名車。他本人則總是一派瀟灑。

大學畢業後，Y曾到某企業服務，但後來很快就自立門戶，並且在很短的時間內，就把事業經營得很成功。

我和Y是三不五時就會出去喝一杯的酒友，但其實我一直很羨慕他——因為儘管我們年齡相近，他卻已是離我遙遠的人上人。當時我還心想：「**就算不能和他一樣，至少我要變得比現在更成功。**」

我不確定Y在工作上的態度如何，但至少我每次和他見面時，他對我的態度都是謙和又親切，待人非常貼心。

Y介紹給我的朋友，多數也都是像他一樣的成功人士，看起來也都像他一樣謙和又親切。

看著他們這些人，有時我難免會覺得：「為什麼我的運氣這麼差！為什麼我不能功成名就！」

過了將近四十年，Y一路走來，想必也是不斷地努力；而我也用我自己的方式奮鬥至今，還稍微蒙受了幸運之神的眷顧。經過了這麼多年，我才好不容易望其項背、並駕齊驅，進而後來居上。如今，我想我應該已經領先了Y一段距離。

當年根本沒有想過，有一天**我竟然可以追上Y這個遙遠的人上人**。坦白說，當時我甚至還感到很絕望。

在我主理的「株塾」當中，經常會有新進學員問我這個問題：「我要花多久時間，才能變得像A那樣？」

A是「株塾」當中投資績效相當傑出的學員，個性也很好，深受其他學員的愛戴，是我的得意門生。

從我的角度看來，我不知道新進學員要花多久才能達到A那樣的水準。不過，**只要努力不懈，應該都有機會**。

在我眼中，經常被新進學員點名的A，程度其實也還只能算是中上。因此，其他學員們想達到A的水準，我認為機率相當高。

還有一些剛來到「株塾」的學員，在投資路上仍在「蹣跚學步」階段，但就急著找我商量：「我在想我是不是不會再進步了……」

儘管現在還在「蹣跚學步」，但只要持續學習、鑽研，就有柳暗花明的一天；以往不甚了了的事，也能像雲消霧散似的，迎來豁然開朗的時機。與其煩惱自己會不會進步，不如勤加練習，才能向前邁進。

只要持續練習，您應該就能切身感受到自己的操盤技術有所提升，**進而有動力朝更高遠的目標努力**。

而能持續奮鬥到這個境界的人，便能體會「再來就看個人努力了……」這句話的涵義——因為我們已經了解該如何奮鬥、該怎麼努力，所以能持之以恆，進入「更上一層樓」的正向循環。

我認為，找一個實力遠勝過自己的人，以他為標竿，朝他的境界拚命努力，其實就是一條捷徑，因為這麼做能幫助我們學習更有效率的奮鬥方法，以及更能排除徒勞無功的努力方式。

當年我的榜樣就是Y。

建議您不妨也試著找到自己崇拜的榜樣，並以「追上他，進而超越他」為目標，奮力前進。

97 當問題卡住時，請「試著延後」

RULE

既要學習，又要研究，還要練習等等，經常會讓我們感到「**殫精竭慮**」。在我撰寫本書的過程中，也有好幾次這樣的經驗。

此時，與其拿出十二萬分的毅力勉強硬撐，**不如先休息片刻，或改做一些其他的事，更能提高效率**——我已經屢試不爽。如果當下夜色已深，最好先睡一覺再說。

過去我曾在電視的紀實節目上，一窺「天才畫家」岡本太郎[1]大師的日常生

1 岡本太郎（1911–1996）是日本著名的畫家、雕塑家及藝術家，以其充滿力量和活力的作品而聞名。

活。儘管我已忘了那個節目的細節，但我還記得他家一樓擺放著一幅未完成的油畫，岡本先生就在那裡「駐足」了近30分鐘。

當他覺得無法專注，或覺得厭倦時，就會跑去另一個房間，投入另一項工作。

接著他會去午睡，起床後再輪流跑進不同的房間，分段工作。我原本還以為，以一句「藝術就是爆炸」而聞名的岡本太郎，應該會頂著一頭亂髮關在工作室裡。但他在節目中這些完全超出我想像的日常光景，讓我大感吃驚。

我應該是在將近五十年前看到這個節目，但我的印象相當深刻，那些畫面一直停留在我的腦海裡。既然直到今天都還記得，想必對當時的我來說，應該是相當震撼吧！

在我辭去上班族的工作之後，也嘗試過這種「每項工作都做一點」的工作模式。結果我發現：當我們必須處理很多業務，想做的事堆積如山時，這一套岡本太郎式的工作法，「非常好用」。

這個定律的主題，是「試著延後」，但我覺得也可以說它是「**試著分段作業**」。也就是說，**只在我們能高度專注的時間裡，從事該項工作；當專注力用完時，就先結束該項工作，並轉往下一項新鮮有趣的工作上，專心投入**，接著再反覆操作即可。

這裡我刻意把主題命名為「試著延後」，除了前面談到的專注程度之外，還希望能透過「延後」、「當下不急著完成」來**保留一些空間，以便加入後續才浮現出來的新想法**。

不論是學習股票投資，或是學習其他任何事物，常會有在某些內容的理解上突然卡住的狀況。

如果是學習股票投資，那麼這時您可以先試著以其他買賣訊號或類別為主題，學習一些新知。

等過了一段時間之後，再試著回到先前「延後」的主題，著手處理。擱置一段時間，有時會發現「先前百思不解那麼久的問題，現在竟然毫不費力就懂了」。或許先前有些阻礙您理解的因素，但因為您選擇先改學其他主題，而使得那些阻礙在不知不覺中消失了。

萬一您選擇「延後」，但回過頭來，還是覺得百思不解時，那就再延後一次即可——反正遲早有一天把它們全都弄懂就行了。我很贊成您多繞這些遠路。

RULE 98

投資股票要勤於覆盤及冥想

您知道在圍棋和將棋的世界裡，有所謂的「**覆盤**」嗎？覆盤就是在對弈結束後，再和同一位對手回顧剛才正式比賽的內容，針對彼此的每一手棋，說明「這裡是因為這樣，所以才會這樣下……」、「那一手我實在是很苦惱……」等等，互相討論棋局的下法。

進行覆盤的目的，是為了要提升彼此的棋力。而在股票投資操作上，我覺得也可以進行覆盤。想必大多數的投資人，都沒有做到這件事。

只要學過相場式投資心法，某種程度上來說，已經有能力可以找出失敗操作的原因。因此，我對「株塾」的學員，都會強烈建議他們確實分析自己以往的投資操作，以便將這些經驗應用在日後的投資上。

分析自己失敗的投資操作，就會很清楚地發現自己有一些特定的習慣。

比方說，假設我們是在賣空的操作上失利，當我們試著分析過去十次的失敗經驗，就會發現「每次操作失利，其實都是因為空單下的時機太早」等等。

以往我曾請新加入「株塾」的學員，提供詳細的買賣交易明細讓我看看。結果我發現，許多學員總會在相場式投資心法中，當所謂的「反ＰＰＰ」訊號出現時，趁股價偶爾擺脫完整跌勢、小幅反彈之際，選擇敲進買單。這樣的操作方式，投資績效當然不會好。雖說投資股票要自行動腦思考、在對自己負責的前提下操作，但**若有機會，我覺得請旁人用客觀的眼光，來看看我們的投資操作，也很重要**。

我想您應該已經了解「覆盤」在投資股票時的重要性。然而，「覆盤每天的生活」其實更有幫助。

每晚就寢前，我一定會冥想——先回想從當天早上起床後，到開始冥想前所發生過的每件事；接著再替自己的行為打分數，該反省的地方就反省，並應用到明天的生活上。

我一天的生活，絕大多數的時間都在研究投資操作、實際操盤進出，以及向學員說明操作績效。若能編製一些有助於提升學員技術能力的資料時，則會優先編製資料。

因此，冥想時間光是用來覆盤投資操作，就已經差不多用完了。人的生活更複雜，無法匆匆帶過——因為包括和家人的互動在內，有太多需要反省的事。

其實我**每天早上起床時，也都會冥想**——回想一下前晚反省過的事，開啟新的一天。實際嘗試過就會知道，只要一冥想，往往就會想起自己還沒做完的事，或浮現一些新的創意想法。

如果當天安排了投資操作以外的工作，我冥想的內容就會稍作調整。有時一天的時間，會被演講的事前討論、撰寫稿件，以及公司內部的會議填滿，晚上還得安排與各界人士餐敘，每個月還會有一趟國外出差的行程。哎呀呀……光是覆盤股票的投資操作，時間好像都不太夠啊。

人一忙起來，生活往往就會變得戰戰兢兢。我想過得腳踏實地，不因為志得意滿而沖昏頭。因此，**我把早、晚的冥想，當作是自己每天的功課，藉此找回自己原本該有的樣貌**。

RULE 99

「溯流求源，勇渡汪洋！」

我第一次聽到下面這些話，是因為經濟學家竹中平藏老師，在「株塾」的春酒上所發表的演講內容。

「『了解歷史，放眼海外』是我們正確認識時代、思考未來之際，最不可或缺的工夫。歷史自古至今，一脈相承，所以認識歷史，就能了解當前發生這些事的意義和原因。而把視野拓展到海外，可幫助我們從不同的角度來看待事物，如此才能跳脫錯誤的思維，不會像井底之蛙一樣，受到狹隘、陳舊的常識所囿限。」（引用自竹中平藏老師的演講）

這是相當發人深省的一段話。歷史會稍微改換形式，但內容總是一再重演。我們要懂得從中學習，並以史為鑑，預測未來（溯流求源）。還要讓自已置身在新天地，或是關注自己擅長領域之外的事，進而找到全新發現、獲得重大體悟（勇渡汪洋）——聽起來真讓人滿心期待。

在鑽研投資操作之際，**落實「溯流求源，勇渡汪洋」的精神**，很能發揮它該有的效果——股價是在空方和多方的拉鋸下形成，因此在某個社會經濟環境下，不時都會出現相似的股價波動。

研究過去的股價波動，思考「既然現在的股價波動是這樣，所以再這樣發展下去的話，股價波動都會變成這樣……」等等，也就是「溯流求源」。

迄今，我仍不認為自己所用的投資方法是「完整型態」，其中還有很多我想更深入探討、研究的領域。而我也深信，若我再進一步學習國內外各種**和自己不同的想法、做法**，應該就能從中獲得一些精進個人現有操作手法的靈感。

我衷心希望，只要時間允許，我一定要多做諸如此類的學習。落實廣泛學習，豈不正是展現「勇渡汪洋」的精神嗎？

其實除了我的本業之外，我還是職業網球選手和國際大型賽事的贊助商，所以我經常得透過電話和郵件和外籍人士聯繫。也因為這個緣故，我每個月都需要到國外出差，並為此接受新的刺激、吸收到新的創意與想法。我認為這樣的經驗，能促使現在的我，甚至是未來的我更加成長茁壯。

生活在這個時代的我們，不去體驗海外的人、事、物，實在非常可惜。我謹在此強烈建議各位讀者，**一定要試著讓自己走進「前所未有的體驗區」**。

100 RULE 總之要先面對！（想做的事很多，但是……）

早期我會在筆記本和便利貼上寫很多東西，但如今已有更方便的工具——手機的筆記功能，或是可儲存在電腦裡的便利貼，也就是所謂的「數位筆記」。

研究股票投資操作時，我會找出好幾百檔個股，拿出它們過去好幾十年份的線圖，自行猜想「當這個走勢出現之後，接下來應該就會這樣」，並加以驗證。我在定律99介紹過這種「溯流求源」的過程，這些動作，我也都會留下筆記。

如果我在溯流求源的過程中，發現有些招式或許可以派上用場時，我就會把它們再打磨雕琢一番。只用一、兩個單純的招式，效果偏低，所以我會思考用哪幾個不同的招式來搭配；就連實際操作時的買點和賣點，我也會參考過往的案例來安排。如果找到理想的配套組合，我就會寫在筆記上。

我總是認真地想著各種投資操作手法，好讓「株塾」學員在實務上能更能有效的運用，所以我累積了很多本靈感筆記。

以前我的辦公室和家裡，桌上和牆面都貼滿了大量的便利貼。當中有很多都沒再拿起來看過，後來就褪了色，被揉成了一團團紙屑。總之我想做的、必須做的事實在太多，於是這些事都化成了便利貼或筆記，**日復一日地大量累積**。

包括連載的專欄在內，我隨時都要供稿給四、五家媒體，所以也要隨時累積題材。

每一項筆記，都是我認為「有用」的創意想法或題材，內容優質，同時也是我覺得很值得化為具體行動的。不過，究竟該怎麼把這些想法化為具體行動呢？我好忙、好忙，沒有時間去加以規劃，於是我的筆記就越積越多……

有時候庸庸碌碌，只有時間匆匆流逝。猛然回過神來，才驚覺一個月已經過去了大半。

是不是有人像我這樣，因為忙得天昏地暗，而讓筆記內容停留在「筆記」的狀態，一拖再拖，越積越多。寫在筆記本上的創意想法無法實現，有些是因為它們需要更深入的思考，否則就無法向前推進；也可能是我們覺得「沒有時間實際投入、採取行動」，因對自己的心下達了「停止」的指示。

有一次，看著累積了一大堆的筆記，我又一如往常地覺得很苦惱。當下我的腦海中突然浮現了一家我之前常光顧、生意很好的居酒屋。我曾看著這家店在廚房裡只安排了三個人力、廚師們都忙得不可開交的場景。那個時候，我的斜前方湧入大量的點餐單，而且不斷地累積。

直到現在我還是會不時想起，當年一邊啜飲著啤酒，一邊望著的廚房即景：廚房裡的員工**專注地依序備餐，偶爾還會思考該怎麼做最有效率，動作非常俐落**——因為不論點單量有多少，既然客人點了餐，就只能一份一份地用心完成。如果什麼都不做，單子（筆記）就會一直累積。因此唯一的辦法，就只有面對而已。期盼我也能把自己的想法或題材逐一化為具體規劃，別再拿忙碌當藉口。

結語

「從儲蓄轉向投資」，據說日本政府目前已卯足全力推動這項國家政策。

自2024年起，新版的NISA[1]也開始上路。以「成長投資類」而言，每個人每年有240萬日圓、總計最高1200萬日圓的投資額度，可用於投資個股，享有獲利、配息免稅。

不過，當我看到社群平台上出現諸如「基金是由專家負責操盤投資，放長期穩賺」、「美國是世界上最強盛的國家，因此投資美國的標普500指數，獲利會比定存更穩當」之類的可疑貼文，我都會心想：「請大家至少要好好親眼確認股價波動！」

1 日本「少額投資免稅制度」的簡稱。

不管獲利是否需要課稅，想透過投資股票來獲利，就要學著了解股價的波動變化——否則您就會連自己為什麼獲利、為什麼虧損，都搞不清楚了。

首先，我們要聽聽K線的提醒，
再向移動平均線請安，
還要關心一下既往的高點和低點，
既然要投入寶貴的資金，就要更深入、更仔細地學習股票知識。

相場式投資心法的投資期間，並不像定期定額的基金那樣，要拉長到十年、二十年，但運用新版NISA的成長投資類額度來投資股票，是相當可行的做法。像NISA這種「只能買進」的投資，如果是以長抱二、三年為週期，再搭配運用月K線，就能從中找出相場式投資心法的操作重點。

比方說用月K線尋找這一、二年持續呈現漲勢的個股；或剛好在下跌格局中完成打底，「下半身」訊號才剛在月線的短期線和長期線上亮燈的個股；也可以是自上市以來幾乎一路上漲，近幾個月卻回測長期線，之後又反彈的個股等。

建議您不妨先挑選日經平均股價指數或JPX400的成分股，稍微瀏覽一下它們這幾年來的月K線走勢圖：

- **鎖定近期月K拉出大紅K，剛開始點火上攻的個股。**
- **找找看有沒有個股是即使以月K線來看，也屬於剛剛創下歷史新高的狀態。**
- **仔細觀察自己擅長操作的個股價格波動，只要一跌就買進。**
- **如果股價翻漲2倍以上，就利用NISA的免稅制度獲利了結。**
- **承上，等該檔個股漲勢結束後，再利用特定帳戶[2]做空。**

2 日本一般的散戶投資股票，需自行計算全年損益後，再申報所得稅和住民稅。若透過所謂的「特定帳戶」（指定帳戶）投資金融商品，主管機關就會自動計算該帳戶盈虧，製成「年度交易報告」，供投資人自行報稅，也可選擇憑帳戶資料自動報稅，手續更簡便。

只要依照這樣的流程，按部就班地操作，就能妥善運用新版ＮＩＳＡ的優惠，並將「相場式投資心法」的１００個定律運用到得心應手的地步。

如果利用ＮＩＳＡ的免稅額度，每年投入２４０萬日圓到股市，並以一年投報率20%來做複利計算的話，後續只需要四年時間，就能成功讓資產翻倍。之後請拿出翻倍資產的一半，繼續透過ＮＩＳＡ帳戶投資；剩下的一半則透過特定帳戶操作信用交易，運用相場式投資心法的「融資」和「融券放空」，更進一步放大資產。

如果我們受到「免稅」這個宣傳賣點吸引而開始投資，結果卻虧損連連，那就沒有意義了。尤其ＮＩＳＡ帳戶對虧損並沒有任何保障，等於是「用越多，虧越多」。不論是使用ＮＩＳＡ帳戶或特定帳戶，到頭來要仰賴的，還是您自己的「投資技巧」。

然而，投資股票的樂趣，其實並不只有獲利多寡——直到現在，我每天早上醒來，都會這樣想：

「今天也要卯足全力，追蹤股價的波動！」
「我看了三萬年份的線圖，一直盯著某個K線型態，明天還要再確認一次。」
「後天我要去國外出差，在飛機上再想想那個股價波動的事吧！」
「隔天就認真陪陪家人吧！」

因為有幸和股票結緣，所以我現在才能忙碌地工作，認識五湖四海的各界人士，還能常保笑容，感謝這個地球。我一路走來，專注地緊盯、追蹤股價波動，雖然有時也會淪為一廂情願，但我還是持續鑽研股票至今。到頭來，我還是覺得「在這個世界上，實在是找不到比股票更有意思的事了」。

「股票」是一款智力遊戲，它對於促進人的活力、長壽、婚姻美滿等，都能發揮絕佳的效用。它更是增強記憶、激發好奇心，並提醒我們對他人常保關懷、對周遭親朋好友常懷感謝的精神益友。

祝您投資順利！

相場師朗

日股戰神年獲利千萬的投資邏輯

淬鍊 40 年，一招練 3,000 次！

100 個「相場流」技術線圖戰法＋心法【全球股市適用】

相場流チャートの掟 100

作　　者　相場師朗
譯　　者　張嘉芬
主　　編　郭峰吾

總 編 輯　李映慧
執 行 長　陳旭華（steve@bookrep.com.tw）

出　　版　大牌出版 / 遠足文化事業股份有限公司
發　　行　遠足文化事業股份有限公司（讀書共和國出版集團）
地　　址　23141 新北市新店區民權路 108-2 號 9 樓
電　　話　+886-2-2218-1417
郵撥帳號　19504465 遠足文化事業股份有限公司

封面設計　陳文德
排　　版　新鑫電腦排版工作室
印　　製　博創印藝文化事業有限公司
法律顧問　華洋法律事務所　蘇文生律師

定　　價　450 元
初　　版　2024 年 12 月

電子書 E-ISBN
978-626-7600-26-9（EPUB）
978-626-7600-25-2（PDF）

國家圖書館出版品預行編目資料

日股戰神年獲利千萬的投資邏輯：淬鍊 40 年，一招練 3,000 次！
100 個「相場流」技術線圖戰法＋心法【全球股市適用】/ 相場師朗 著；
張嘉芬 譯 . -- 初版 . -- 新北市 : 大牌出版 , 遠足文化事業股份有限公司
發行 , 2024.12
272 面 ; 14.8×21 公分
譯自 : 相場流チャートの掟 100
ISBN 978-626-7600-27-6（平裝）
1. 股票投資　2. 投資技術　3. 投資分析

563.53　　113017829